# 商业生态与平台战略

## THE KEYSTONE ADVANTAGE

What the New Dynamics of
Business Ecosystems Mean for Strategy,
Innovation, and Sustainability

马尔科·扬西蒂
Marco Iansiti
[美]                         著
罗伊·莱维恩
Roy Levien

刘运国　谢素娟　等　译

中国人民大学出版社
· 北京 ·

　　我出生在湖北省荆州市松滋县（现为松滋市）的农村，记得
家乡有一条小河，冬季水浅的时候，可以蹚水过河。小时候，夏
天到这条小河游泳，非常凉快。碰到雨季的时候，河里有很多
鱼，这些鱼会迎着田埂上流下来的水，在水草里面快乐地逆流而
上。这些可爱的鱼儿争先恐后，力争上游，煞是好看。这些童年
的记忆，今天回想起来，仍非常深刻。后来我从武汉回去看到这
条河，已经不能游泳了。因为经济发展，当地在河的上游水库附
近建了一个化肥厂，化肥厂的污水污染了这条小河。再后来，也
就是近些年，为落实"绿水青山就是金山银山""共抓大保护，
不搞大开发"的发展理念，抓生态保护工程，"长江流域十年禁
渔"，当地关闭了上游的化肥厂，这条小河的生态慢慢又恢复了
一些，但已经找不到儿时的情景和感觉了。湖北是千湖之省，我
的家乡属于江汉平原，盛产各种淡水鱼类。后来我被派到内蒙古
挂职工作两年，去过内蒙古西部的阿拉善盟和库布齐沙漠，还去

过只有金黄色的胡杨林坚守着的额济纳旗，也去过内蒙古东部的锡林郭勒大草原、呼伦贝尔大草原和森林覆盖的阿尔山和大兴安岭。我在一年四季皆绿的温暖的广州工作生活了近 30 年。也有幸去过美国的得州休斯敦大学做过一年半的访问学者。在美国得州，我曾经开车去过得州的奥斯汀和圣安东尼奥，还有休斯敦附近的大学城——美国得州农工大学所在地。所有这些经历中，自然生态环境给了我很大的冲击，留下很深的印象。比如，美国得州面积很大，像内蒙古的旷野，但与我国内蒙古又有很大不同。内蒙古的生态非常脆弱，地表只有很薄的一层土壤，下面近 100 米全是沙，如果这层土壤被破坏，就很容易沙化。美国得州的土壤很肥沃，都是黑土地，类似我国的黑龙江北大荒。与人类赖以生存的、生物学意义上的自然生态系统类似，今天的商业系统，已经演变为依赖互联网和物联网的商业生态系统。这样的商业生态系统的参与者依赖互联网或者物联网平台，以便更高效地生存。这些参与者类似自然生态系统中的物种，彼此依赖，影响彼此的命运。如果生态系统是健康的，个体物种就会茁壮成长；如果生态系统被破坏，个体物种就会深受其害。今天的商业生态系统参与者，类似自然生态系统中的个体物种，已经构成一个彼此依存的命运共同体。

这几年，因为做海尔共赢增值表研究院的研究员，我会利用寒暑假带领团队赴海尔进行实地调研，每次调研大概一个星期。到海尔的实地调研给我们印象最深刻的是海尔的"物联网生态品牌战略"。海尔从最初的名牌战略到多元化战略、国际化战略、全球化品牌战略、网络化战略，再到今天的物联网生态品牌战略，经历了六个战略发展阶段。海尔物联网生态品牌战略，是依托物联网平台构建的商业生态系统。"产品被场景取代，行业被生态覆盖"是海尔让我记得最深的话语，也是今天基于物联网的商业生态系统的真实写照。

正是基于上述的经历和研究经验，当中国人民大学出版社魏文老师邀请我组织团队来翻译《共赢——商业生态与平台战略》一书时，看到原著，我非常激动和感兴趣。因为这本书里讲的内容，与我和我的团队这几年接触和感受到的中国典型企业正在实践的精彩的中国故事十分相似。

本书由三大部分组成：第 1 部分是生态系统的框架，包括第 2 章命运共同体、第 3 章集体行为。第 2 部分是生态系统战略，包括第 4 章运营战略、第 5 章网络核心型战略、第 6 章坐收其利型和支配主宰型战略，第 7 章利基型战略。第 3 部分是竞争的基础，包括第 8 章架构、平台与标准，第 9 章整合、创新和适应，第 10 章市场设计、运营和竞争，第 11 章商业生态管理：颠覆、进化与可持续发展。本书是扬西蒂和莱维恩基于他们的企业咨询项目和研究总结提炼而成。既有丰富的实际案例，又有基于物理学、生物学和社会心理学的理论思考、理论发现和总结提炼，非常具有时代性和前瞻性。比如，关于商业生态系统健康的三个标准——生产率、强健性和利基市场创造力，关于新的商业生态系统的战略——网络核心型、坐收其利型与支配主宰型、利基型三大战略，关于商业生态系统共创共享共赢的基础论述等都非常具有创新性和理论意义。全书引用了非常丰富的典型案例来阐述和解说，比如凯马特和沃尔玛，微软和IBM，利丰、美林和嘉信理财，eBay和安然等。这些内容读者易读、易懂、易学，非常接地气。无论是上游供应商，还是下游客户，抑或是同行的竞争对手，在互联网和物联网时代，大家不仅仅是商业合作伙伴关系，还是有机的商业生态系统中的"物种"，需要相互依赖、相互支持、相互依存，共创新质生产力，共建商业命运共同体，共创、共享、共赢，这是未来物联网生态系统中企业生存和发展的必然逻辑。

我非常荣幸能带领我的团队学习和翻译本书，我们从中学习到很多。具体翻译分工如下：刘运国（厦门大学博士，中山大学管理学院教授/广州新华学院会计学院院长）负责总体协调组织、沟通和统稿，并负责第1、2、3章及致谢；谢素娟（英国剑桥大学博士，中国海洋大学管理学院教授）负责第4、5、6章；金淞宇（中山大学管理学院硕士研究生）负责第7章；罗立（美国东北大学硕士，广州新华学院会计学院讲师）负责第8、9章；陈会（澳大利亚悉尼大学硕士，广州新华学院会计学院讲师）负责第10章；蔡佳彤（香港科技大学硕士，广州新华学院会计学院助教）负责第11章。在翻译过程中，我们得到了中山大学管理学院和广州新华学院会计学院领导和同事们的理解和支持，也得到了中国人民大学出版社管理分社的大力支持！感谢美国休斯敦大学经济学学士、中山大学管理学院硕士研究生刘博翰同学为翻译做的大量辅助工作。虽然我们尽了最大努力，但由于水平

有限，难免会有错误和不妥之处，敬请广大读者批评指正！希望
本书的出版，能对读者认识基于互联网和物联网的商业生态系
统，对已经如此运作或正在向该方向转型的中国商业生态系统的
企业有所启发和帮助。

刘运国

致
谢

本书的完成离不开许多人的帮助和启发。本书建立在一些研究项目以及咨询项目的基础上，大量的合作者、研究人员以及客户对本书的完成做出了重要贡献。

首先，本书的完成离不开许多哈佛同事和博士生的帮助。我要先感谢 Warren McFarlan，George Westerman 和 Alan Mac-Cormack。这本书大部分的研究工作是与他们合作完成的，并从他们的成果中汲取灵感。Warren 为我们展现了许多迷人的例子，包括利丰（Li&Fung）、美林（Merill Lynch）和嘉信理财（Charles Schwab），并且很好地帮我们把视野拓宽至新的环境中。Westerman 与他的研究极大地拓展了我们对于互联网零售的理解，其中他对一体化的重要性和本质有独到的见解。Alan 是一位长期合作者，为我们更好地理解平台以及组织适应性做出了贡献。我们也从与 H．T．Kung 以及许多信息技术与管理领域的博士生的合作中获得了相当多的见解与灵感，这些博士生包括 Marcin Strojwas，Jason Woodward 和 Feng Zhu 等。还有许多同事，包括 Kim Clark，Lee Fleming，Frances Frei，Rob Huckman，Edward Jung，Mark Malamud，Andy McAfee，Gary Pisano，Jan Rivkin，Roy Shapiro 以及 Jonathan West 等都为本书提出过重要的见解和建议，对本书产生了极大的影响。

　　本书的许多观点和例子来自真实的实际工作。我们要感谢 Henry Liu，Greg Richards，Gregg Rotenberg 和 Jeremy Schneider，他们的观点是本书的基础。他们为全球超过 1 000 家不同的客户围绕基础、主导者和市场细分战略进行定义、概念构建，这些项目与工作的价值是无可估量的。本书引用了他们的大部分思想。

　　如果没有 David Evans 的帮助，本书也不会完成，他提供了持续的鼓励和许多重要的观点，特别是关于多边市场（N-side markets）的概念以及 Visa 平台的网络动态。David 在 NERA 的同事，包括 Richard Bergin，John Scalf 和 Jay Wynn 等，也做出了巨大的贡献。

　　我们也要感谢一些客户，特别是微软和 IBM，其见解非常有价值。包括 Tom Burt，Tom Button，Joel Cawley，Drew Clark，Dan Hay，David Heiner，Gerry Mooney，Claudia Fan Munce，Joe Nastasi，Steven Sinofsky，Jim Spohrer 和 Dee Dee Walsh 在内的一些高管，大大加深了我们对共赢现象的理解。eBay 的 John Herr 和 Patrick Jabal，以及雅虎的 Tim Brady 和 Katie Burke，也对本书做出了重要贡献。

# 目录

## 第 3 章

# 集体行为 / 055

# 第 2 部分　生态系统战略

## 第 4 章

# 运营战略 / 078

## 第 3 部分　竞争的基础

### 第 8 章
### 架构、平台和标准 ／ 202

第 11 章

**商业生态管理：颠覆、进化与可持续发展** / 283

# 第 1 章

# 商业网络再思考

战略正在成为管理自己不拥有的资产的艺术。

多年来,凯马特和沃尔玛是统治美国零售业的巨头,在大多数顾客和从业人员的眼中,它们并没有什么区别,仅仅是商业风格上存有差异。但是凯马特在 2002 年 1 月申请破产保护,而沃尔玛仍然是世界上最成功的零售商。有各种试图解释沃尔玛成功的理论:从以会计角度解释掠夺性定价到员工文化;从创始人山姆·沃尔顿(Sam Walton)的工作服到他为商店选址的诀窍。然而,在对沃尔玛及其庞大的商业伙伴网络进行调查之后可以发现沃尔玛的成功还有另外一个因素:沃尔玛与微软一样,它们都知道应该如何去创造、管理和发展一个强大的商业生态系统。

多年来,沃尔玛通过其收集消费者信息的能力,来协调其庞大的供应商网络中的资产。你可以想象一个由数千家公司组成的庞大的商业体系。通过将技术、能力和政策融合起来,沃尔玛使这个巨大的组织网络产生了强大的力量，在顾客需要时，它能以最快的速度为其提供价格最低的商品。事实证明，这一策略非常有效，在成本、营业利润率和每平方英尺的销售额等方面都取得了成效——沃尔玛一直保持领先优势，并且随着时间的推移，其他零售商与沃尔玛的差距会越来越大。

沃尔玛的做法是经过长时间演变而来的。在早期，沃尔玛就很重视跟踪客户需求的实时信息。其中的关键在于沃尔玛决定与它的供应商网络共享这些信息。这被称为零售链接系统，该系统现在仍然向沃尔玛的合作伙伴提供最准确的实时销售信息。沃尔玛在提供这类服务方面是独一无二的，它把零售链接系统变成了一个关键的供应链中心，现在这个系统正联结着包括泰森食品、吉列、宝洁等在内的成千上万个制造商的信息系统。此外，通过系统的软件与硬件，沃尔玛提供了工具和技术组件来使其网络中的伙伴将零售链接系统变为各自供应链中不可或缺的一部分，将它提供的消费者信息所产生的影响进一步扩大。通过这种方式，成千上万的供应商能够通过沃尔玛建立的信息基础设施来分享价值，并且建立它们自己的技术和商业流程来利用沃尔玛的信息资产。

通过分享销售数据和其他的贡献，例如结构集中的供应网络以及大量的库存，沃尔玛提供了低成本的、高效的且信息丰富的平台分销多样化的商品。这对沃尔玛的许多供应商来说非常有价值，也反映了沃尔玛自身在其中的地位和优势。最终，沃尔玛的成功源于它利用自身在供应商中的独特地位，并且分享了作为一个网络中心所能创造的价值。

就像沃尔玛一样，从阴谋论到运气论，微软戏剧性的成功也常常被人以简单的理论去概括，但仔细观察微软是如何长期管理其合作伙伴网络的，可以得出一个有趣的解释：微软像沃尔玛一样，创造并积极运营了一个平台，大量的公司可以通过这个平台提高产量，增强稳定性，并且用作创新的核心。

从微机①行业的早期开始，微软就专注于设计被成千上万的组织和开发人员使用的编程工具与技术。实际上，微软的第一个产品并不是一个应用或者一个操作系统，而是第一个广受欢迎的可在微机上运行的初学者程序设计语言 BASIC——一种能让开发者更轻松地开发多平台运行软件的工具。从 20 世纪 80 年代早期开始，微软就提供诸如 MS-DOS、Windows 这样的操作系统，其中包括用于编写程序的标准接口。这些技术从 80 年代末到 90 年代一直在发展，形成了囊括操作系统、可重复使用编程组件和编程工具的强大集合。这些要素提升了开发者的生产力和创新力，使得这个网络社群能够创建各式各样的应用程序而不必担心硬件上的问题。因此，像沃尔玛一样，微软使它的用户与一个庞大且分散的网络联结时会更加简便。像沃尔玛一样，微软在庞大而多样的商业生态中扮演着重要的中心角色。

沃尔玛与微软为了使公司依赖平台而生，都选择了为其他公

---

　　①　这里原文使用单词 microcomputer，这个概念是相对 minicomputer 而言的，包括了现在流行的 PC（个人计算机），但不能用 PC（个人计算机）代替。——译者

司提供可定制化的平台。两家公司之所以能够成功，是因为它们察觉到平台能为商业网络带来影响，并且采取了行动，通过为其他公司创造机会而实现这些影响。反过来，其他公司也会投资这些平台，并依赖平台来获得成功。这创建了一种良性循环，通过这种循环，各种各样的公司实现了高水平的生产力、稳定性与创新力。最终会反哺微软和沃尔玛，为其带来持续数十年的卓越业绩。

尽管这两家公司的背景截然不同，但是它们的成功有着相同的因素。与沃尔玛一样，微软的业绩与其庞大的合作伙伴网络息息相关。与沃尔玛一样，微软也在努力组织整合商业伙伴，为其增长与创新创造机会。与沃尔玛一样，微软只有在整个商业集体强大、健康、持续增长的同时才会强大。但这并不意味着集体中所有的成员都对微软与沃尔玛言听计从，毕竟两家公司都经常在交涉中采取激进的立场。即使个体公司间的交锋非常频繁，但它们都明白获利的唯一途径是维持这个庞大的商业伙伴网络健康发展。

两家公司都明白，本质上，它们与商业网络中的其他成员是命运共同体。它们不像许多竞争对手那样主要关注其内部的能力，而是强调它们所参与的商业网络的集体属性，并将这个网络打造成一个有机生态系统，而不是仅保持传统的供应链伙伴关系。它们懂得个体能对生态系统的健康产生什么样的影响，同时这些影响也会反馈至它们自身的表现上。

沃尔玛和微软之所以能够成功，是因为它们在各自的生态系统中扮演了"共赢"的角色。以生物学的角度来讲，这个名词描述了一种行为模式，这种行为模式能够提高整个生态环境的性能，同时提高个体的表现。共赢策略就是本书的重点。随着思路越来越清晰，这种战略挑战了许多对诸如沃尔玛、微软这类关键公司的固有观点，并使人们对 eBay、安然、嘉信理财、IBM 等公司管理实践中的传统思想提出了质疑。

## 何为商业网络

沃尔玛和微软绝不是仅有的运行着商业网络的公司。商业网络已经普遍存在于我们的经济体之中。数十个公司合作为我们的家里输送电力；数以百计的公司成为生产和分销个人电脑的力量；数以千计的公司在互相协作，制作丰富的应用。商业环境中普遍的网络化已经引起了商业运作的设计与管理者角色的重大转变。对于越来越多的商业领袖来说，现在所面临的根本挑战是网络中的许多资产并不属于他们的公司，但是他们必须去管理这些资产。

商业网络并不是起源于互联网。商业网络现如今在我们的经济体中比之前任何时候都要普遍，然而它们的普及是过去几个世纪以来社会、经济、政治、技术系统性发展的结果。几百年来，起源于普拉托的意大利服装业就一直是由许多组织结合起来的松散网络，许多小组织甚至只有一个人。该系统形成了一个地区的自治体，具有集中、灵活、反应快速的特点，确保它们在高度动荡的环境中保持强劲的表现。与此同时，各个组织也在发展演变以便更好地协调网络。从意大利文艺复兴时期的露天集会开始，这些组织利用分销网络精心打造了一个综合的生产与分销体系。它们开发了一系列的流程与技术来联结它们的伙伴，并协调它们的责任。这种自治与交流协调的结合，使得意大利服装网络变得足够强大，能够在数百年来技术与市场变化的浪潮中生存下来，实现足够的生产力以及创新力，从而在系统性的竞争中脱颖而出。时至今日，意大利的服装网络仍然采用明显的分布式运作方式，如贝纳通（Benetton）这样的少数企业在网络中发挥着协调网络行为的关键核心作用。

尽管网络化的经济有深厚的根基，但是在 20 世纪下半叶，商业挑战的本质发生了重大的变化。在 20 世纪的大部分时间里，大多数现代企业的主流选择仍是垂直整合，诸如杜邦、福特、IBM 等组织发展成为控制着大多数主要资产的巨头。创建分布式的商业网络过于困难且昂贵，因此垂直式的集成商业在大多数环境中处于主导地位。但是在 20 世纪的最后十年里，法律、管理和技术都发生了重大的变化，这使得公司更容易在许多组织中合作和分配任务。在不同的行业中，诸如经营个人电脑和个人护理用品的公司利用分布式供应链中的多个组织和不同的集成技术组件——这些组件来自不同的商业联盟，还利用银行、保险公司、零售商等机构，以及其他不同的合作伙伴渠道来分销它们的商品。这将许多行业推向了一个完全网络化的结构，在这个结构中，即使是最简单的服务，也是多方面合作的结果。

商业网络出现在诸如汽车、快餐等不同的行业中。汽车行业逐渐形成了广泛的分布式结构，任何一辆汽车的一半以上的价值都是由日益广泛的供应商网络来提供的。像福特与克莱斯勒这样的公司推动了新能力、新工艺、新技术的发展，这使它们成为日益复杂的全球网络的中心。同一时期，麦当劳与汉堡王等餐饮企业在建立广泛的顶级供应商的基础上，还开发了大规模的特许经销商网络。

20 世纪的最后十年里，大型的、分布式的商业网络成为现代经济中做生意的既定方式。从生物技术到保险，从银行到软件，这种方式在各种行业内都能找到。只不过商业网络虽然无处不在，但并不代表它们是易于管理的。

## 网络的挑战

在过去的十年里，技术与资本的结合使得商业网络的创建变得容易。尽管建立商业网络变得容易，但是人们对它的理解与管理仍然很差。在互联网爆炸的年代，人们普遍为互联网的力量感到欢欣鼓舞。商业网络使得运营的效率与创新达到了意想不到的水平。新的商业网络技术将颠覆传统的公司，并为新公司的成长与创新带来前所未有的机遇。网络效应能为各行各业，包括商业软件、食品运输等带来巨大的价值，并且为这些行业创设难以跨越的市场进入壁垒。然而事情并非那么简单。

互联网泡沫的破灭表明，商业网络的成员都有着共同的命运，这意味着它们既可以同生也可以共死。曾有许多人预测泡沫并不会持续很久，但是它来得如此突然、激烈且破坏力巨大，以至于着实令不少人感到吃惊。原本有着近乎无限循环潜力的循环圈，突然被打破了，这让许多人对商业网络的力量产生了质疑。但互联网绝不是令商业网络失败的唯一原因。如何高效地协调分布广泛的运营资产，是各类组织的管理者的难题，这些组织既有安然和加利福尼亚州政府这样不同类型的组织，也有电力和软件这样的不同行业的组织。

这些失败其实源于一种传统的管理思想，这种思想仅关注公司内部经营，并不能为如何管理庞大的公司网络提供意见。大多数的管理书籍只告诉我们要建立内部实力，要专注于自身的核心竞争力，要创建小型且专注的团队，要通过剥离小型的专业化的风险项目来帮助企业规避破坏性技术的影响，等等。这些流行的管理理论，经常建议实业中的管理者创建小型独立的项目组来处理问题或者利用机会。这些理论将重点放在理解集中的、紧密的系统管理上，它们在面对像互联网这样大型的、不集中的、无边界的、不恒定的且时时刻刻都在进化的网络时会难以应付。这些理论不能告诉我们如何应对千倍于自己数量的合作伙伴组成的网络，从服装业到软件业，各行各业都有这种情况。这些理论没有告诉我们的是，为什么IBM的创新战略受到其组织外的数以百万计的自由开发者的影响更大，而受其内部托马斯·J.沃森研究中心的几百名开发者的影响更小。同时，这些理论也不能解释为什么微软与沃尔玛能利用商业伙伴网络达成收入与利润的空前增长。

当互联网开始起飞时，商业网络就变得无处不在，而我们对管理与战略的理解却完全跟不上。顾问与学者们争先恐后地提出新的理论，却往往在研究与经验方面没有扎实的基础。这就使得试图改变企业传统运营模式和运营新类型互联网企业的执行者处于茫然的状态，他们在探索新的业务模式与组织结构的路上是缺乏理论基础的。此时的结果就非常明显了。

随着经济的复苏与增长，我们最终需要发展一种扎实的科学理论，对于网络与置身其中的关键企业缘何会促进或阻碍创新，缘何会促进或阻碍运行效率的提高等提供解释，对于如何为新产品开发与新公司的诞生提供一个健康且稳定的环境等提供答案。这一点十分重要，也是本书的重点所在。


## 作为生态的商业网络


互联网泡沫的破灭并由此带来的少数企业的成功和多数企业的失败，以及许多传统企业在转型期间产生的教训，为我们提供了许多资料对问题进行研究、思考，并最终学会如何管理复杂的企业网络。这驱动着我们对涉及各行各业的数十家公司开展了研究。在过去的几年中，我们利用了大量的公共资源，走访了数百名经理人，并分析了分布在各行各业中执行的上百个项目。

我们的方法结合了深厚的管理研究基础与来自其他各种学科领域的对网络的广阔视野。商业网络所面临的问题并不是其独有的，其他广泛的领域中也存在这些问题。好消息是，在物理学、生物学、社会心理学等各个领域中，对于网络的研究在近几年取得了显著的进展，这些进展帮助我们填补了在管理理论与实践中的一些空白。

我们发现，比起其他类型的网络，一个生物学意义上的生态系统更适合用来类比我们所研究的商业网络。[1] 与商业网络一样，生物生态系统也是由大量松散的参与者联结在一起构成的，参与者之间互相依赖，从而更高效地生存。与商业网络中的参与者一样，生物生态系统中的物种也分享着彼此的命运。如果生态系统是健康的，个体物种就会茁壮成长。如果整个生态系统都不健康，那么个体物种会深受其害。与商业生态系统一样，整个生物生态系统的健康状况的逆转也可能发生得很快。

与商业生态系统类似，从大西洋到亚马孙，进化中的生态系统本质上是由不同利益实体组成的共同体。这些自然界中的网络具有强健的生命力和长期的活力，展现了它们的力量。这些生态系统的具体特征——它们的结构、成员之间的关系、它们之间联结的类型以及成员之间所扮演的不同角色，为我们了解商业网络提供了重要的启示。也许最重要的一点是，在生物网络的架构中，成员之间并不是完全平等的：对网络中的大多数群体而言，出现了广泛联结着其他成员的"枢纽"，这几乎成了一个不可避免的事实。自然，这些枢纽的行为会对整个网络产生影响。

更深入地研究生态系统可以发现，在几乎所有的生态系统中，中心枢纽都是以网络核心出现的，它们的利益与整体生态系统的利益高度一致，并且是生态系统健康的关键管理者。将这种观察拓展至其他正在演变的生态系统，我们发现，网络核心其实十分普遍。几乎所有的系统都会有核心的存在：或是融入了系统的某位特殊成员，或是某些已得到普遍认可的规定、协议或目标。这类核心通过对联结关系的调节以及创建其他成员可以依赖的稳定且可预见的管理平台，强化了系统的稳定性、可预见性等其他健康指标。

我们在一开始就有必要说明（这一点会在后面随着内容的展开变得越来越清晰），我们在这里并不是讨论行业到底是不是生态系统，也不是在探讨它们如果以类似生态系统的方式来组织是否有意义，我们所看重的是，生物生态系统能为我们提供一些准确描述商业网络的名词，可以提供一些具体且强力的论点来说明网络中各种企业所扮演的不同角色。[2] 最关键的是，当我们从生态系统的角度来看待我们对多个行业的研究发现时，有一点变得非常清晰明确，即几乎所有健康的商业生态系统都可以通过某种核心功能来描述，并且生态系统中其他成员的效率、创新力和生命力也与该核心功能有根本的关联。

考虑到这一点，仔细观察各行各业的结构就会发现，通常只有相对少量的企业能够成为网络的枢纽（因此可能成为潜在的核心枢纽)。这并不意味着网络中大量其他的公司在生态系统的健康与稳定上没有发挥关键的作用。这些企业构成了生态系统的主体部分,并且负责了大多数的价值创造和创新。为了它们自身的利益以及整个系统的利益,这些公司需要学会有效地管理网络所提供的一切。因此,我们的观点可以延伸至生态系统中所有的公司。

## 本书的内容

在本书中,我们提出了一个适合商业生态系统的整体战略观点。我们将从生物学和一些复杂的理论中汲取知识,并通过描述各种战略模式来阐明这种观点。我们将对网络核心型、支配主宰型以及利基型的战略做出区分。网络核心型与支配主宰型的战略可以被那些在其商业网络中处于核心地位的企业采用。网络核心型战略可以帮助企业借助平台(生态系统创新和运营的基础)的辐射作用,塑造和协调其生态系统。这一战略与支配主宰型战略产生了鲜明的对比,支配主宰型战略会攻击生态系统,会将外部的资产吸收并整合进内部运作当中。更多数的企业,它们是构成生态系统的主体,则更适合使用利基型战略。这些公司侧重于差异化,通过关注一些独特的能力和利用其他企业提供的关键资产来运营。

强调内部竞争能力的传统战略模型并不能对网络的动力进行

解释，因为它们只关注到企业能力和商业模式的变化，却没有关注到企业与其外部生态系统之间的关系。市面上的书籍都在讨论"企业如何因其内部能力的发展被区分"，或者"企业如果不保持其内部资产与能力的更新，是否会被新一代的技术与商业模式淘汰"。然而，我们认为，现在最关键的"战斗"不在企业的内部，而是在企业网络之间。创新与日常运营已经成为一项集体的活动。生态系统的所有企业将会共享同样的命运，企业将会因为管理其赖以生存的巨大网络所特有的方式而产生差异。网络核心型企业将会凭借其创建的强大平台以及与生态系统共享的流程与资产来获取胜利。网络核心型企业如果变得不健康或者其生态系统放弃了网络核心型的架构而转向了其他平台，那么它们只会失败。利基型企业如果能够利用强大的、运作良好的平台来管理好与其他企业的依赖关系，它们就能成为赢家。但是如果利基型企业对其周围的复杂动态产生误解，如果它们与一个软弱的网络核心型企业捆绑在一起，如果它们被一个咄咄逼人的支配主宰型企业践踏，或者它们所依赖的平台是过时且不可持续的，那么它们也必然是输家。

在下面的章节中，我们将以商业生态系统在现实中确实存在为前提，详细探讨技术开发与策划运营战略的框架。那些高效的企业，从诸如微软、沃尔玛等扮演着拥有巨大影响力的平台设计者角色的网络核心型公司，到诸如财捷集团（Intuit）、英伟达（NVIDIA）等规模较小的利用平台的利基型企业，它们都取得了较大的成功，因为它们知道将自己置身于商业网络中，与整个网络形成命运共同体。这些公司一方面关注着自身的内部能力；另一方面理解自身所在的生态系统的健康状态所创造的机遇与挑战，这些公司能够在其中找到平衡。接下来，我们将从全面的生态系统的视角提出公司该如何在生态网络中开展最有效率的运营，我们将近距离观察这些公司和其他许多公司，它们在被嵌入特定的网络中后，在努力面对机遇与挑战时，做对了什么事，或者做错了什么事，从而导致了最终的结果。

尽管不是本书的重点，但是我们仍有必要对书中的观点所代表的广泛意义进行说明。对政策制定者来说，这些意义尤其具有价值。现有的政策似乎并没能反映现代网络化的产业的现实。克林顿政府曾对微软以及其他一些公司进行反垄断制裁，理由是"网络效应"会阻碍企业对固有的技术发起挑战。当然，如果将现代公司看成互相依赖的系统的一部分，这个理由是有道理的。但是，很明显，美国司法部在当时所采用的网络经济框架存在着很大的问题——法律诉讼充斥着许多同类的误解，这些误解与导致互联网泡沫的原因如出一辙。

无论我们谈论的是人的网络、企业的网络还是国家的网络，又或者是对反垄断法和联合国的未来展开的辩论，我们应关注的是这些系统的经济健康情况。无论我们谈论的是反垄断法还是外交政策，我们都认为，控制生态系统的关键枢纽地位存在不同的实体，这对于生态系统的整体健康来说，不一定是坏事。与生物界中的情况类似，商业生态系统中处于领先地位的公司或者在国际上取得领先地位的国家，既可能扮演支配主宰型的角色，使生态系统的生产力降低，让它们的伙伴在外部冲击面前变得更加脆弱，又可能扮演网络核心型的角色，维护环境的多样性和稳定性，即使它们的目标是积极追逐自身的利益。即使如此，支配主宰型战略经过有效选用后，也是可以稳定与简化生态系统的，但是在许多情况下，对政策制定者来说，它应该成为一个警示的信号，而网络核心型战略却不是这样。事实上，我们认为公共政策可以加强网络核心机构的建设，避免伤害网络中重要的中心枢纽，因为考虑到发生相关损害，极有可能会造成生态系统中大量的参与者陷入瘫痪状态。

## 本书的架构

本书旨在为商业领袖和政策制定者揭示商业生态系统的动力以及含义。全书共分为三个部分，共 11 章。第 1 部分引入与介绍生态系统的框架，第 2 部分讨论生态系统战略的含义，第 3 部分重点讨论在网络世界中竞争的基础。我们将在本书中尽可能使用详细具体的案例来阐明我们的研究发现。

本书的第 1 部分"生态系统的框架"将从第 2 章"命运共同体"开始。第 2 章通过对商业系统演变的观察，为我们的分析提供了一个基础，我们将从生物界中寻找可类比的对象，并将关注的重点置于软件行业。然后我们将分析拓展至其他行业的网络属性。本章还通过对生态系统进化阶段的总结，以过去几十年里计算机行业从集成结构到网络结构的演变作为实例，简要说明命运共同体的形成。第3章"集体行为"关注的基本思想是，在特定的商业生态系统中，组织群体的行为会不可避免地交织在一起。任何个体组织的表现都会与整体的表现紧密相连。我们将介绍衡量生态系统表现与健康状况的三个基本指标：生产率、强健性和利基市场创造力。

　　本书的第2部分"生态系统战略"将探讨生态系统中所包含的战略方面的意义。第4章"运营战略"将战略概括为三个类型：网络核心型、支配主宰型和利基型。这些战略描述了商业网络中的组织竞争所表现的行为特征与模式。第5章"网络核心型战略"详细描述了网络核心型战略的特点。我们会利用各种各样的类比与例子来说明网络核心型战略是如何改进整个生态系统的健康，同时提升了企业自身的运营表现的。接着，我们将详细描述组成网络核心型战略的两个部分：价值创造与价值共享。第6章"坐收其利型和支配主宰型战略"分析了其他类型的网络运营战略，这些战略是占据着网络枢纽地位的组织可能会采用的。以史为鉴，以当下的商业为例，本章描述了组织中的数种失败案例，从中总结出了一些重要教训。第7章"利基型企业"详细讨论了那些没能在网络中占据中心位置的组织才反映了大部分生态系统中运营战略的本质。这一章讲到了如何管理利基型战略的执行者与生态系统的枢纽之间的依赖关系，这是一种极其重要的能力，也是一项艰巨的挑战。

第 3 部分"竞争的基础",通过对商业生态系统中可持续绩效的三大基础的探索,深入探讨了运营的含义。第一项基础将在第 8 章"架构、平台和标准"中进行讨论,该章探讨了企业如何在技术、产品以及组织方面形成边界,并由此塑造它们在其中竞争的生态系统。第 9 章的主要内容是第二项基础"整合、创新和适应",讨论了组织将会如何跨越其生态系统的边界,整合生态系统中广泛分散的能力去实现运营、创新与适应。第三项基础放在第 10 章"市场设计、运营和竞争"中讨论,该章讨论了组织如何在被复杂的市场动态左右的生态系统中进行运作。

第 11 章"商业生态管理:颠覆、进化与可持续发展"为本书的结语,总结了企业进化的更广泛的含义。在讨论了商业追求可持续性发展中遇到的一些基本的挑战后,将会提出一个新的观点:企业正面临着全新的挑战与责任。对于企业来说,以全新的、整体的视角来制定战略是至关重要的。

## 注释

[1] 我们的工作建立在许多其他作者工作的基础上,这些作者塑造了这些领域,其中最重要的是 James F. Moore,他率先将生物生态系统的概念应用于商业环境。详情请见 James F. Moore,"Predators and Prey: A New Ecology of Competition,"*Harvard Business Review*,May-June 1993;James F. Moore,*The Death of Competition: Leadership and Strategy in the Age of Business Ecosystems*(New York: HarperBusiness,1996)。

［2］关于生态学的比喻在商业研究中是否有价值，在这个问题上有各种相冲突的观点。详情见 "Business as a Living System：The Value of Industrial Ecology. A Roundtable Discussion，" *California Management Review* 43 (Spring 2001)：16-25。

# 第 1 部分

# 生态系统的框架

# 第 2 章

# 命运共同体

"我们生活在一个高度互联的世界。"在 2001 年 9 月 11 日的恐怖袭击之后，这句话已经成为各大报纸新闻头条的常用语句。接连不断的恐袭事件在提醒着我们，所有的事件都是互相联系的。正如美国能源部基建保障项目负责人在恐怖袭击后所警告的那样："大家所拥有的是一个由多个国家所依赖的系统结合起来的复杂系统，所有的事情都会相互关联。"[1] 由此我们得出的典型结论是：相互之间的联系让我们变得更加脆弱，因为"物理上的孤立事件会通过日常生活将影响传播到千里之外"，相互之间的联系会将我们置于更大的危险之中。[2] 尽管这种说法是有争议的（我们之后会对此讨论），而且对于这种相互联系的本质的观点通常不怎么准确或者夸大其词（正如我们之后分析的），但基本上是准确的：人们为了寻找物美价廉和稀有的商品，可以半夜时分在自己舒适的小窝里通过手机、电脑从全世界寻找合适的选项；企业为了销售商品，能够建立一条供应链，这条供应链能从美国中部的大型分销商一直延伸到远至巴勒斯坦的小型家庭服装制造厂，这些都是基于我们生活在一个网络化的世界里。

虽然我们因为恐怖主义的威胁才在最近把注意力集中在相互联结的潜在威胁上，但相互联结并不是什么新鲜的现象。人类社会会一直稳步发展，并且随着每一波社会变革与技术进步而加速。最近社会发展的推动因素是资本市场体系以及计算与通信技术的发展。近十年来，我们享受着生活在网络化的世界里所带来的好处，并认为这是理所当然的事情。现阶段我们对彼此之间的依赖程度的提高以及对这种互相关联的结果的担心是合理的。现实是，我们现在都生活在一个系统之中，我们的命运比以往任何时候都要依赖于这个系统的命运。

这一事实或许已经超过本书能探讨的范围，但是在商业实践的背景下，这些事实还是给我们提供了以下几个可供探讨的问题：

- 作为实践者与管理者，我们该如何利用这些联系呢？

- 一家企业的产品越来越多地依赖于其他企业的技术与产品，这一事实要求管理者关注网络的管理：企业对于所处的网络不仅仅需要防范风险，或者将其视为一种资源随意取用，还要认识到它是一个动态的系统，每个企业都会嵌入其中，因此需要积极有效的管理。既然如此，我们该如何描绘这种高效管理方式的基本特征呢？

- 我们该如何避免那些伤害到我们所处网络的错误呢？

- 由于企业的命运都是紧密相连的，它们都必须注意避免那些对网络的健康产生负面影响的行为。这些影响有可能像安然操纵加州的电力价格谋取利益那样恶劣，也有可能像雅虎在陷入困境时却拒绝微软收购那样显得幼稚。[3] 我们能否分辨出那些可能给我们的网络造成危害的错误行为与思维模式？这些危害很有可能是广泛且间接的。

- 是否存在某种行动可以帮助我们促进网络的健康？既然我们的行动会对整个系统产生间接和广泛的影响，那么我们能从中发现些什么？

- 正如沃尔玛与微软的例子所展现的，一些公司正积极地采取措施，在可持续经营的同时，也为它们所处的网络的健康发展做出了贡献。这些企业的经验能否普及？我们可以从它们身上学到什么？

我们将会在第 3 章中讨论这些问题，但是首先，我们需要更好地理解什么是网络化系统的一部分，并了解网络化的商业系统是如何出现的。


## 自然界中的命运共同体

对生物系统的研究可以帮助我们更好地理解，成为一个丰富的网络系统的一部分到底意味着什么。尽管我们很少注意到这一事实，但是自然界中的每一项有意义的成就，都是许许多多紧密联系的参与者之间集中互动的产物。从生态系统中的食物链与食物网络，到控制基因表达的反馈回路，到对通过调控蜜源的选择与布置来引导蜜蜂高效采蜜，再到将白蚁巢穴恒温构造原理应用于建筑物（不用空调的恒温建筑），相互依赖的网络塑造了集体的成功，并将生物学的成就从基因层面推向了生物社会。互联性是生物学中的一条定理，不仅存在于细胞复杂的内部工作与基因之间的相互调节之中，而且存在于自然生态系统中种群之间的精妙平衡之中，其共同的主题都是系统中的每一位成员——基因、蛋白质、器官、物种以及个体——能在多大程度上依赖其他的成员。这些系统成功地管理了整个网络，我们可以从它们那里学到很多。

这种互相依赖是生物生态系统稳定性、生产力以及创造力的基础。例如，生态系统中的物种可以消耗彼此的产出（废物、结构以及其他的副产品），它们可以利用这些作为它们种群活动的基础。实际上，这种对网络中的要素进行利用的能力使得它们可以不再自己创造生产要素，从而可以节省能量专注于其他事情，使自己更加专业化并且能够做它们之前无法完成的事情。事实上，正是这种积极的依赖关系使得所有的个体对整体的健康状态十分敏感：它们的命运与其他物种所组成的整个网络的命运息息相关，换句话说，与网络的结构还有其成员在网络中扮演的角色息息相关。

比方说，无花果是热带地区形成生物群落的关键基础，在这些地区中，一年中丰富的无花果成为各类动物可靠的食物来源，即使果实歉收，它们也能提供一种重要的营养物质，这种营养物质在其他地方很难获得。[4] 从本质上来说，无花果就是其他物种赖以生存的基础。

无花果的例子说明了生态系统的一个核心特征，该特征解释了一旦某一物种从系统中消失可能带来的灾难性影响：生态系统中的每一个成员都在一定程度上依赖于其他成员而存在，原因非常简单，它们相互适应对方的存在。生态系统中每一个个体的生存和保持健康所需的"投入"是由系统中其他成员提供的。消灭或者替换掉这些成员则会损失重要的食物来源，导致生物环境的破坏；反之，这些成员的持续存在保持了生态系统的健康，并且有利于塑造和维持一个对整个生态系统都有好处的结构。

我们人类，作为自然系统特别是生态系统的外部操纵者，总是把自然系统中非凡的稳定性与复杂性视为理所当然，很难意识到网络的复杂性与微妙性才是自然系统的本质。尽管在系统被破坏时，能得到这类启示是有益且积极的，然而我们通常还是在系统被破坏时才会意识到这种依赖性是存在于系统之中的。即便是单个基因的改变与破坏，也可能引发悲剧性的后果，而关键物种的迁移或者外来物种的引入对生态系统的影响也可能是灾难性的。这与商业网络中的相互依赖关系有类似之处，其启示是，即使是明显的局部混乱也可能在整个系统中导致广泛的和层层升级的后果：系统中的大部分甚至所有成员都有可能受到影响。

　　那些经历了数千年甚至数百万年持续进化的自然系统——在经受住无数次的冲击之后，仍然展示出了持续的创新能力和适应能力的自然系统，却很容易受到人类粗心大意的破坏，从而导致灾难性的毁坏。人类这些行为的后果就像外科医生在手术中切开了动脉，最初的破坏程度与其后果的严重程度形成了惊人的对比。[5] 例如，在 20 世纪 80 年代末，一种原产于俄罗斯的小型软体动物——斑马贻贝（dreissena polymorpha）在美国五大湖区中蔓延（据推测，斑马贻贝可能是在 20 世纪初或更早随着国际贸易的船只进入了美国）。生物学家认为，这一物种入侵事件的后果之一是令加拿大安大略省电力公司（Ontario Hydro）为每一个发电站平均花费了大约 37.6 万美元来处理该问题（清理被斑马贻贝堵塞的管道），从 1993 年至 1999 年，电力行业累计损失超过 30 亿美元。① 在美国，国会的研究人员估计，到 2004 年底，斑马贻贝将使企业和社区损失超过 50 亿美元。即使这么庞大的数字，也仅仅是这些入侵生物所带来的影响的冰山一角，因为它们仅仅代表了对人类经济活动可直接量化的影响。潜伏在这些巨大代价之下的是对整个生态网络的不可估量的破坏。事实上，更重要的是，我们要认识到，并不是斑马贻贝本身造成了如此大的破坏，而是斑马贻贝的出现给整个生态环境造成的破坏，才导致了这场浩劫的发生。

---

　　① 圣克莱尔湖与休伦湖、伊利湖相连，斑马贻贝得以从美国蔓延到加拿大。

　　像斑马贻贝这样的入侵物种带来的破坏如此之大，是因为这些物种要么是破坏了保证系统健康运行所需的关键联结（通常是消除或者控制这些关键联结），要么是把这些联结变成了负面与有害影响的放大器（就像是毒素的累积）。生态系统中其他依赖这些联结的物种以及正常生活的物种，也会因此受到不利影响，而它们下一个环节中的依赖者也会遇到相同的命运。结果就是，在生态系统的相互作用的网络之中，一个有机体的命运与远离外来物种的其他有机体的命运息息相关。

　　在生态系统中以及事实上在所有的自然系统中（所有的范围，从基因组到整个生态群落），正在发生的情况是，系统中的成员在共同进化出对彼此有利的相互依赖模式。实际上，每个成员都利用了系统中的相互作用网络来为自己获取优势。当这些联结受到危害之时，依赖它们生存的物种就会遭殃。每个个体的健康都仰仗于系统的整体健康：所有的成员都因为这种利用关系形成了命运共同体。有很多引人注目的例子是反面的，例如关键物种被消灭或者由于外来物种的入侵而引起的系统崩溃，但是要记住，在没有因粗心所产生的外来干扰的情况下，命运共同体总会赋予我们力量和可能性。

## 商界中的命运共同体

　　像上面所说的相互联系和命运共同体的模式，使得稳定与创新成为可能，这可以在今天的许多行业中见到。当下最引人注目的例子要数计算机行业①。

## 计算机行业

今天的计算机企业都是高度专业化的，它们在自身狭小的专业领域内进行激烈的竞争。在这种环境中竞争的企业，从专门处理客户关系管理（CRM）系统的公司如 Siebel 和 Oynx，到微型芯片生产商如英特尔（Intel）和 AMD，它们都在专注于做好种类不多的业务。事实上，今天行业领头羊微软所占据的行业市场份额与 20 世纪 60 年代中期 IBM 所占据的市场份额相比是非常小的。[6]

计算机行业生态系统中的公司的专业化程度是非常高的，这导致其中一种产品往往是许多公司集体努力的成果。如果离开了集体努力的合作环境，那么这些公司的很大一部分贡献是毫无价值的。例如，像博通（Broadcom）和英伟达这样的"无晶圆厂"（fabless）半导体企业就没有实质性的制造工厂，它们的生产依赖第三方代工厂如台积电和联华电子（UMC）。在这种环境下，传统的研发活动侧重于改善企业在狭小的领域中的表现。这促进了许多领域的快速并行发展，因为每个领域的发展都是由高度专业化的特定领域的创新者来推动的。企业的目标不再是用自身的

①　这里的计算机行业不单单包含计算机软件，还包含各种硬件、互联网和相关企业形成的广泛的产业链。

专有优势来锁定整个垂直供应链，而是选择在特定的专业领域做到最好。[7] 因此，许多组织的命运现在都是联系在一起的，公司之间的相互作用已经成为一种日益重要且复杂的现象，企业通过相互关联的产品、服务和技术组成网络，在其中分享合作与竞争的要素。[8] 更重要的是，这种交互不再遵循传统的行业边界，而是将客户、供应商、合作伙伴以及竞争对手的命运、战略和运营能力都联结了起来，在最根本的层面上重塑了竞争与运营的活力。

## 服装行业：根深蒂固的传统行业

计算机行业当然不会是唯一进化出网络结构的行业。公司和产品组成的复杂网络已经成为一般商业环境中越来越普遍的特征，而命运共同体所产生的影响则远远超过了计算机行业。[9] 在技术含量相对较低的传统领域中已经进化出了网络的结构，并且这些结构与计算机以及芯片制造等技术含量高的领域的结构有相同的特征。

服装业就是其中的一个例子，几百年来，服装业一直发展着企业网络。[10] 这个行业由数以万计的提供材料与生产能力的专业公司组成，规模从个体户经营到如李维斯公司（Levi Strauss & Co.）这样的价值数十亿美元的服装企业。服装网络中的企业形成了一个巨大的、分散的商业生态系统。在这一系统中，单一系列的产品有可能动用到数十个组织的资源。

这一行业由几个主要的细分板块组成：纤维生产商、纺织厂、服装制造商和其他纺织品原料的相关企业，以及服装和其他各种纺织产品的销售商。农产品和化工供应商作为纤维生产商会生产天然或者合成的纤维，然后纺织厂会将这些纤维转变为纤维织物。纤维织物完成后，就会被出售给服装制造商，由它们将纤维织物制作成服装成品，然后成品出厂后会被卖给零售商，供顾客挑选购买。[11] 全球范围内有成千上万的企业参与了这些板块的工作。这个行业也是分散的，仅在美国就有超过30 万家分销商，而其中的前五家头部企业在总销售额中的占比不到 20％。

与生物网络一样，商业生态系统中通常也会形成网络中心，这些中心在确保网络的稳定性和塑造其运营能力方面起着至关重要的作用。在服装行业中，总部位于中国香港，有着百年历史的利丰公司（Li & Fung）显然占据着这个生态系统的中心地位，它与分布在 40 多个国家的 8 000 多家专业公司建立了业务关系。为满足如 GAP 和 The Limited 这样独特的零售商的需要，利丰公司为这些客户定制了专门的供应链服务。在此过程中，它协调了数千家制造商的生产资料，涉及总计超过 100 万的员工。虽然利丰自己只雇用几千名员工，但是它自身的影响力和所能影响的人员数量，超过了世界上许多国家的总人口数。

即便是供应单一的产品，利丰也需要去联系众多的企业一起完成。例如，为了给美国的服装零售商提供一个系列的服装，利丰可能会在中国购买纱线，在泰国进行染色织造，再将这些布料运到孟加拉国进行裁剪，之后将成品运往韩国（在那里与日本生

产的拉链进行组装），并最终在指定的时间内将产品交付给地理
位置分散的各个零售商。无论是为了满足客户的特定需求，还是
为了生产特殊的产品，利丰都可以将各种活动看作流程中的模块
来进行配置。一家韩国的纱线供应商可能适合其中某一条产品
线，但是使用不同材料或生产技术的印度尼西亚供应商可能是另
一条产品线的更好的选择。一种商品可能需要供应链中增加额外
三个步骤，而另一种商品则可能会减少两个步骤。对于每一个顾
客和产品，利丰都会为其搭配合适的模块。

利丰为其零售商客户带来了巨大的价值，提供了极其灵活的
供应链，这条供应链有更快的交货时间、更低的成本和更加卓越
的创新能力。此外，利丰还为这个网络提升了抵御外部冲击的强
健性。通过平衡工作量以及重新分配，利丰可以在不同的网络成
员之间调动资源，来帮助它们面对技术变化、消费者偏好的变
化、政府监管的变化以及其他不可预见的事件。拥有更大的网
络，就拥有更多的选择，这为利丰面对行业挑战提供了相当大的
灵活性。在 2001 年"9·11"恐怖袭击之后，利丰迅速地将生产
从高风险国家转移到了风险较低的国家。那些流程紧密耦合的公
司虽然仍可为生产重新提供资源，但是速度不快，而且要付出更
大的成本。相反，利丰仅在七天的时间内就将那些可能影响数亿
美元商品的生产地点全部搬迁了。

正如利丰的例子所展示的，服装行业的生态系统是由一个庞
大的、松散联结的企业网络构成的。这个网络有清晰的网络中
心，它对整个网络的动态产生巨大的影响，就像利丰这样的企

业。孟加拉国有一些小型的服装生产商，它们与 GAP 公司联系的唯一渠道就是由利丰来提供的。如果利丰在一夜之间倒闭破产，将会有一大批制造商失去业务来源。反过来说，利丰自身也非常依赖制造商的产品质量以及交货的及时性。如果其生产网络中某些厂商倒闭了，或是无法联络上（例如某种经济或者是政治上的冲击），利丰和它的客户将会受到沉重的打击。

这种运营上的相互依赖意味着在服装行业生态系统中，各个企业的经济健康状态是相互联系的。如果利丰从这个网络中榨取了太多的价值，它的供应商会逐渐转向其他的中心企业（例如日本的外贸公司），或者走向倒闭。当这种情况发生时，利丰就会沉沦其中，并最终走向失败。

服装行业网络中很多企业都以类似生物学中的生态系统的方式共享着它们的命运。这个系统会因为所有成员的健康发展而繁荣，与此同时，如果系统的重要资产受到损害，或者系统的某些重要部分失去平衡，那么系统将变得不可持续。

## 通信行业：产能过剩和全面崩溃

商业网络命运共同体的后果也可以是戏剧性大起大落的，群体间的相互联系会使得某一成员的误算或者失误灾难性地传递到其他的成员处。各个社群生态里发生的错误，即使是些微的过度投资或者期望过度，也有可能导致崩溃。这样的结果不仅会导致这个社群生态本身难以恢复，还会传播至更广泛的网络中，导致整个生态系统难以恢复。

例如，20 世纪 90 年代末，电信公司普遍认为互联网的流量将会经历持续性的爆炸性增长，因而对光纤电缆进行了巨量的过度投资。[12] 当时的数据研究者经常反复地宣传互联网的流量每100 天就会翻一番，于是电信公司争先恐后地在海底和街道下铺设光纤电缆。然而，这种超过 1 000% 的年增长率从未实现过，互联网实际的年增长率只有不到 100%。这种增长速度"远远不够快，不足以充分利用 20 世纪 90 年代末狂热建造时期的所有产能，根据调研公司 Telegeography 的数据，在美国所安装的光纤中，实际利用率只达到了 2.7%。剩下的大量光纤管线，在行业内被称为'暗纤'（dark fiber），将会永远处于休眠状态"[13]。这种过剩的产能使得带宽价格在过去的两年内"平均每年下降65%，同时导致大量长途数据传输公司申请破产保护"[14]。在价格下降的同时，整个电信行业都在为其狂热建设所欠下的巨额债务苦苦挣扎。"自 1996 年以来，整个电信行业从银行借款超过1.5 万亿美元，并且发行了超过 6 300 亿美元的债券。"[15] 因为这些过剩的产能以及庞大的债务，电信行业的股价从其高点下跌了约 95% 还多，导致其投资者损失了近 2 万亿美元。两年内，近 50 万名职工失去了工作，负债累累的电信公司走向了崩溃，超过 60 家电信运营商申请了破产保护。[16]

正像电信行业中所发生的那样，当网络的动力驱使整个行业走向一个恶性循环，想逆转整个过程是十分困难的。过剩的产能、价格战和缓慢增长的需求导致电信行业的增长持续放缓：

　　　消费者与企业需要更长的时间来消化过去十年来建

成的产能，在夜晚的时段以及周末提供免费的无线网络服务，促使许多消费者取消了传统的长途电话。与此同时，一度被行业内认为是救世主的数据传输功能，也比预期的增长速度要慢上许多，其利润往往还不如老式的语音通话服务。这是因为用户更愿意为数据流量付费而不是按使用分钟来付费。这也是为什么电子邮件每天都在取代数以百万计的电话，而对公司来说电信业利润水平要比单纯的电话业务低得多。[17]

实际上，由于电信行业对互联网的潜力与变革做出了过度反应，电信行业的企业与技术组成了一个庞大的通信生态系统，它们已经骑虎难下，在短时间内无法从其中脱身。现在的电信企业因为缺少资金，不得不把注意力放在利润上，以至于对通信技术发展过程中不可避免的变革没有准备，无法去迎接这种变革。因此，在电信行业变得更加健康之前，电信行业仍然会阻碍它们所紧密依赖的通信生态系统的发展。

## 生态系统的进化

重点是要认识到，尽管相互联结的趋势一直都存在，但我们今天所看到的许多行业中高度分散和高度网络化的结构是一个比较新鲜的现象。这是一个新的现实，命运共同体需要我们有一个新的框架来思考行业的健康性。事实上，我们首先需要清楚是什么构成了一个行业。

即使是计算机行业，高度的互联程度以及各种形式的"模块化"一直以来就是行业中的许多基础技术的特征，真正的网络结构也只是过去的 15 年才出现的现象。与 30 年前计算机行业的垂直整合化的形式形成鲜明对比的是，今天的计算机行业被划分成大量不同的部门，生产专门的产品。其特征为，有许多组织参与了一个产品的设计、支持或分销的过程，这些组织都与该产品的命运联系在一起。作为结果，这个行业的复杂程度以及与组织群体的交互程度跟生物的生态系统有很多相似性：行业中的每一位成员都需要依赖其他成员，它们之间的相互联结对于整体的发展是至关重要的。然而，情况并非总是如此。

## 集成化且独立的技术产品

在 20 世纪 60 年代到 70 年代，计算机行业中生产完整产品的公司为了争夺市场的主导地位而短兵相接，如果竞争中的企业不能在广泛的领域内跟上技术的发展，那么它们很可能失去市场份额并最终被取代。相互竞争的产品并不是设计的目标，目标应该是建立一个独特的集成的产品来实现计算机系统所需要的全部功能。这个行业中的所有公司都专注于创建和拥有一个独特的"全套的"软硬件产品。[18]

在这种环境下，公司通过在广阔领域中进行的内部创新来保持自身的领先地位，它们通常将外部的"变化"视为对公司生存的威胁。领头的公司都在积极追求增强自身的创新技术，这些创新通常只能适用于这些公司自己的产品。这种目标通常可以从公司广泛施行的研发方式窥见端倪。公司通常会支持一些同时在软件与硬件领域都有深度研究的项目。IBM 的研发活动可能是最具代表性的例子，它几乎专注于计算机的每一个技术驱动因素，从玻璃陶瓷材料的研究到高效的软件算法的设计。

很多研发机构都专注于开发一些"根本性"的创新技术，以便为整个产品提供显著优势，并抵消产品的稀释效应。IBM 再一次为这个方面提供了引人注目的例子。20 世纪 50 年代末，IBM 推出了第一款晶体管计算机，并在 60 年代推出了第一个商用的磁芯存储器。这些创新所带来的影响在很大程度上被局限在 IBM 内部。例如，IBM 在 1964 年推出的固态逻辑技术（solid logic technology）取得了技术突破，为一代大型主机奠定了技术基础，但是它从来没有面向其他企业商业化（实际上，IBM 在集成电路技术上的垄断一直持续到 1993 年）。尽管固态逻辑技术背后的一些想法还是能被其他公司掌握和利用的，但是从来没有哪家公司能够真正采用到相似的技术组件，因此这项技术的影响力很大程度上被局限在 IBM 的产品上。

## 平台、设计规则与碎片化

20 世纪 60 年代中期，垂直一体化的计算机公司开始瓦解，变成我们现在看到的计算机行业。1966 年，IBM System 360 计算机的推出对确立这一趋势起到了至关重要的作用。[19] 设计 System 360 的最初动机是减少内部项目的复杂性，其设计遵循了一种与其他主机截然不同的架构方式。IBM 的主机首次在软件与硬件之间定义了一个清晰的、模块化的接口界面，保证了各种型号计算机间的兼容性。这样清楚的界面产生了一个意料之外却又非常重要的影响：它直接引发一场演变，将计算机行业分解成多样化的组织，每个组织会提供不同的产品与服务组件，并且专注于不同的功能。

这种始于 20 世纪 60 年代的演变趋势，在 70 年代末至 80 年代随着微型计算机的诞生以及 DOS/ISA 架构的成功而急剧加速。微软的 DOS 系统和 IBM 个人计算机（PC）的结合形成了一个清晰牢固的平台，使得大量的软件供应商能够设计出可以在各种类型的硬件上运行的应用程序。这种架构在计算机企业的网络中形成了一个强大的中心，将众多的硬件与软件供应商联结起来，形成了我们今天所见的行业结构：大量的公司会在许许多多不同的细分领域中运营。这些公司都相当专业化，在各自狭窄的专业领域内进行着激烈竞争。各个企业只会专注于做好相对少数的事情。这点有助于解释我们上面所提到的模式：计算机行业整体的市值已经下降（即使是微软现今的行业市场份额比起 20 世纪 60 年代中期 IBM 所占据的市场份额也只是很小的一部分）；许多企业（例如无晶圆厂半导体公司）本身不持有大量的制造资产，研发的重点也不再覆盖广泛的各个领域，而是集中在狭小的专业领域。关键是，这种分散化的活动为专家以及技术使用者提供了创新的机会，把他们的思维带到了创新与解决问题的新高度，从而提高了创新的质量和意义。[20]

因此，该行业分为了若干企业集群，每个企业集群都会由不同的计算机平台来支持。每个平台都拥有各自定义明确的界面，或者说设计规则，这些界面定义了不同产品相互联结的标准化方式，使得各种产品能够支持和扩展底层的基础架构。[21] MS-DOS/ISA 清楚定义了第一个真正意义上流行且泛用的计算机平台，其他的一些系统，包括苹果（Apple）的 Macintosh、微软的 Windows 以及 IBM 的 Linux，都采用了类似的路径。[22] 这些平台将自己的接口（应用编程接口，或 API）公之于众，使得各种组织都可以有效地共同构建从集成电路到应用软件等各种系统组件。

在每个独立的平台上，各组件之间是高度一体化的，由 API 接口来定义。从另一个角度来说，最初发展这个模型时，跨平台的联系是非常薄弱的。这意味着每个平台在很大程度上是各自独立的，在不同的系统之间（例如 IBM 大型主机与 Macintosh 主机）共享数据是非常困难的。因此，IT 企业面临着如何将不同类型的基础架构整合起来的挑战，如 IBM 的大型主机、网威（Novell）的客户服务器、太阳微系统公司的 Solaris 系统、苹果的 Macintosh 系统、微软的 Windows 系统等之间的问题。从本质上来说，各个组件要么完全集成在一起，要么就像大洋中的岛屿那样完全分开。

在这段时期的计算机行业里，"完全独立的平台之间的激烈竞争"是主旋律。每一个平台都创建了一个相对独立的业务合作伙伴生态系统，每一个系统都包含不同的组件供应商、系统供应商和独立软件开发商（independent software vendor，ISV）。例如，20 世纪 80 年代中期，英特尔、IBM 还有微软都属于同一个生态系统，而摩托罗拉（Motorola）、苹果和 Claris（一家为苹果制作软件的企业）则属于另外一个生态系统。每一个组织都与它们所属的母平台有着密切的联系。自然而然地这造成了平台之间的激烈竞争，就好比苹果 Macintosh 电脑与 IBM 的个人电脑之间的竞争，又或者是太阳微系统公司与阿波罗公司（Apollo）之间的竞争。

### 松散耦合的系统与网络

苹果 Macintosh 和 DOS/ISA 的架构都体现了商业网络结构演变的一个新的趋势：与早于它们的大型主机相比，这两个计算机平台由外部软件开发人员使用起来都更方便（DOS/ISA 平台对硬件开发者也更开放）。特别是 DOS 和 Windows，20 世纪 80 年代，这两个平台的独立软件开发者达到了惊人的增长，从 1981 年的少数几个人发展到 90 年代的数百万人。这些开发者使用微软所提供的简单又精妙且仍然在快速发展的开发工具以及有日益强大性能的操作系统，极其有效地改进了个人电脑的基础功能。他们在一个以微软为中心的网络中成长，这个网络与中心的联结程度并不像严格的模块层次结构那样紧密，而是仅通过他们所使用的工具和他们所利用的技术联结在一起。

这个趋势在 20 世纪 80 年代后期开始加速，在 90 年代持续发展，行业中发生的一些事件开始深入影响计算机的架构以及行业的整体结构。一种新的更松散的接口开始出现，这种接口允许不同的计算机系统与它进行连接。这种接口被称为"松散耦合"的集成方法，这种方法能代替原来的设计规则——清晰定义的设计规则会对系统组件间的交互做出诸多限制。[23] 这种方法的核心思想很简单——让不同的计算机系统、组件或者应用程序尽量交互，同时尽可能少地去指定或限制（理想状态下最好什么都不做）它们的设计。

松散耦合的方式是一种与传统模块化设计截然不同的一体化集成方式。一个系统若想变成真正的模块化系统，那么它需要各个设计组件具有可替换性（例如有不同的插拔兼容组件的个人计算机）。这是非常具有挑战性的事情，会给设计师带来极大的约束，这需要设计者制定非常广泛的设计协议，并且严格遵守它们。与之相反，松散耦合的系统只需要协议在满足互动与使用要求的前提下有一定的互通性和可拓展性。该系统让设计师使用起来更方便，并且对系统的限制最小。因此，松散耦合的系统只需要在"最薄弱"的交互点上进行标准化，便有助于更好地设计广泛分散化的系统与网络。

松散耦合的网络在计算机企业中第一次真正广泛应用是 20 世纪 80 年代出现的电子数据交换（EDI）标准，它为联结不同的企业的采购以及订单管理之类的业务流程提供了一个可广泛使用的基础标准。[24] 正是由于 EDI 的实行，才使得沃尔玛能够协调它强大的供应商网络，并与供应商实时交换市场需求信息。EDI 是极其有用的，得到了广泛应用，然而它的定义相对僵化，很大程度上局限于供应链中的应用。[25]

随着 TCP/IP 和 HTTP 协议（互联网以及万维网的关键组件，这些协议为实现信息的共享提供了广泛的基础架构）的发展，松散耦合的标准在 20 世纪 80 年代末和 90 年代获得了迅速且广泛的推广。随着 HTML 协议（用于定义网页页面的超文本语言）被广泛采用，以上两种协议也开始流行，这提供了一种标准化的方式为现有的大多数平台显示简单的信息，并使这些信息能够易于访问与使用。

然而，正如许多互联网公司的失败例子所证明的那样，这项基础框架并没有实现预期的价值。最关键的是，它没有解决整合一体化的问题。虽然使用不同计算机系统的用户可以查看相同的数据，但是不同的系统之间仍然不能共享这些信息：过时数据库中的数据几乎不能与最新安装的 Oracle 或 SQL 数据库中的数据相互匹配。因此，第一代的互联网应用都无法与传统的系统（例如 IBM 主机应用）以及客户端/服务器系统（例如 SAP 系统和其他企业资源计划系统）相互整合，这些系统中仍然包含绝大多数企业的数据，并且支撑着这些企业的业务流程。

在 20 世纪 90 年代末，可扩展标记语言（XML）的诞生以及它从数据表示标准到机器与机器交换格式的关键演变终于开始解决这个重要的问题。XML（以及相关的标准，如 SOAP、UDI 和 WSDL，这些都会被用来帮助定位和描述产生 XML 文件所需的功能与服务）被比尔·盖茨（Bill Gates）和斯科特·麦克尼利（Scott McNealy）推崇为解决数据交换问题的答案，

XML 最终为联结许多不同的平台提供了所需的框架。通过使用这个框架，各种各样的数据（包括那些仍埋藏在传统企业系统中的大量数据）终于浮出水面，并通过网页服务展现在网络用户的面前，从而实现了新的业务网络的合作。此外，与 EDI 不同，XML 是一个通用的捕获数据用的框架，因此，它并不局限于商业合作，甚至不限于不同数据库之间的整合，它甚至可以用来作为连接客户端和服务器的标准（基于 HTTP 协议的远程调用），并且正在被研究用作计算机内部客户端通信的标准。

　　广泛采用 EDI、HTML 以及 XML 等标准的结果就是创建了一个真正相互联结的生态系统，在这个生态系统中，组织能将技术的基础架构与业务流程整合在一起。[26] 利用 Java 语言编写的 Sun 系统可以轻松地与 C＋＋或 C♯语言编写的微软系统相互交换信息，企业的网络用更低的成本管理更加多样化的平台。计算机行业的每一个部分都可以（很容易地）与其他的部分联结起来，整个环境已经真正成为一个一体化的、大规模相互联结的生态系统。

　　这种相互联结已经超越了计算机的边界，它不仅塑造了新的技术密集型行业，例如芯片制造，而且重新塑造了传统的劳动密集型行业，例如服装业，它还将这些行业合并成一个相互依存的生态系统。举个例子，利丰集团在 1995 年推出了内部互联网，将其位于世界各地的办公室与制造工厂联结起来，简化了内部沟通流程："订单与送货的进度都可以实时跟踪，数字图像技术使得工作人员可以在线查找故障以及排除故障。"[27]　利丰进一步拓展了其互联网业务，于 1997 年推出了安全的外部访问网站。这些特别定制的外网网站使得利丰与它的重要客户能安全地相互联结在一起：

> 通过每个互联网站点，利丰可以进行在线的产品开发以及订单追踪，省去了来回发送大量纸质文书所需的成本与时间。不仅如此，利丰作为制造商与零售商之间的关键纽带，其外部网络为它们提供了一个平台接口，从而简化了订单在供应链中流通所需的沟通流程。客户可以在线跟踪一笔订单，就如同跟踪一单 UPS 快递一样。这种生产监控手段还可以实现快速响应生产（QRM）。在织物染色之前，客户可以更改其颜色；在裁剪面料之前，客户可以更改款式与尺寸，决定是否要增加口袋。[28]

到 2002 年，利丰集团将 IT 技术作为其第二大投资，并通过与微软的合作，延长了使用 XML 这样的开放式标准的承诺。[29] 利丰利用 XML 和 HTML 等标准的开放性与灵活性，扩大它的网络覆盖面，并提高了网络效率。计算机行业与服装行业之间的边界正在变得模糊，将利丰看成一个跨越了传统领域的集合了服装供应链、服装设计以及分销的大型生态系统可能会更加贴切。

之前介绍的有关商业系统发展的简史已经说明了一些非常清晰可见的趋势。这些趋势表明，这些行业会不可避免地分裂成各种相互联结的细分市场。这些细分市场都是相互联系的，企业之间的联系和互动已经成为一个日益复杂的现象，会同时出现合作与竞争的元素。此外，随着各种标准，例如 EDI、HTML 以及 XML 等协议的出现，不同平台之间的转换成本已经大幅降低。

尽管在主流媒体上，各个竞争者都会指责自己的对手"控制"了各种标准，但重要的是不能只见树木而不见森林。从长期来看，计算机行业变得越来越开放，这给越来越多的公司提供了越来越多的机会，并为它们的系统提供了越来越多的功能，使其触角能够延伸至其他行业，有效地形成了各种交互重叠的生态系统。


## 商业生态系统的形式


正如我们在本章中的例子中所提到的，我们认为使商业网络概念化的有效方法是将其与生物生态系统进行比较。就像生物生态系统一样，商业生态系统是由庞大的、松散耦合的实体网络构成的。企业与生态系统中的物种一样，都是以复杂的方式相互联系着的，每个企业的健康和表现都取决于所属生态系统整体的健康与表现，因此，企业与生物物种都会同时受到其自身内部能力以及生态系统中其他部分的相互复杂作用的影响。

这种类比在多个层面上都适用：企业、商业单位、技术和产品都展现出了相互依赖的网络以及动态的生态系统这两种特性。其中一个层面上交互的细节往往会对其他层面上交互关系的塑造至关重要。像沃尔玛的零售链为其供销商所提供的信息决定了沃尔玛该如何与它的合作伙伴进行互动。与此类似，决定个人电脑操作系统与其硬件之间的边界的架构决策，对于形成微软、英特尔、PC 硬件制造商以及 PC 组装商（例如戴尔（Dell）和惠普（Hewlett-Packard））之间的相互联结很有帮助。对于技术的结构、产品组件之间的接口，以及功能的打包方式的定义，所有的这些重要元素（例如微软的 Windows API 设计），都是企业在网络环境中的重要战略工具。我们会在之后的章节中不断地提到这些联结，但我们之后关注的重点是普通管理者可以做出的一般类型的运营操作。基于此，我们将会聚焦于执行这些决策的战略业务单元。

最终，我们的兴趣点将放在管理者所做出的运营决策上。我们的重点将不再是业务单元本身，而是这些业务单元所特有的行动模式，即业务单元的运营策略。我们将利用生物生态系统的物种特征行为对战略业务单元的运营策略的隐喻来寻找关键点。记住很重要的一点，当我们提到一个企业作为"支配者"时，这应该被理解为事实的简略表达方式，即这家公司在追求支配主宰型战略。

在一定程度上，将商业网络与生态系统进行比较是有效的，这表明了从生物学的网络上得到的知识可以有效地应用于商业网络之中。具体来说，因为它们都是由命运共同体来支配的，所以在生物系统中的一些使得系统稳定、长寿、保持生产力的特性，我们也应该能在商业网络生态中找到。

- 在面对外部冲击时，我们应该预见到企业网络会比通常现有的分析框架具有更强健的生命力。生态系统，实际上几乎所有的自然形成的网络，在面对外部冲击时的反应都不会完全一样。虽然某些类型的目标损害，或者对关键成员的损害会造成大规模的崩溃，但绝大多数干扰还是会被系统吸收。重要的是，损害的程度不会由冲击的某些外部特征（技术、商业模型等）来决定，而是看这些影响能否直接损害到网络的中枢。

- 我们应该预见到网络的成员在专业化的运营中所拥有的创新能力。自然产生的系统是新鲜事物的完美缔造者。发展则是由创新来驱动的，而自然系统将强健性、持续性与创新性结合起来的能力是创新进化过程背后的驱动力。

- 我们应该预见到一种异质的结构，不同的企业会扮演不同的角色，会对网络的稳定性与生产力的不同方面产生不同的影响。自然系统之所以能够维持其稳定性以及生产力，部分原因在于它们缺少外部的力量给它们强加关于公平竞争或者成员之间平等的概念，这些体系几乎无一例外都会演化出一种结构，即其中一些成员获得具有高度影响力的位置，而另外的许多成员则没有。

以下章节中我们探讨这些预测的有效性，并研究它们对管理实践的影响。我们转向了这样一种观点，即网络可以成为企业革新的一个来源，而不是什么外部的威胁（这通常是管理实践中现有框架下的一个研究焦点）。

最后，我们想强调类比可能是一件危险的事情，我们有必要谨慎地使用它。在本书中，我们认为通过将生物生态系统研究中所得的经验以及观察转移到商业网络中，可以帮助我们获得关于网络产业功能的重要见解。应该声明的是，我们并没有直接讲商业网络就是生态系统，我们试图从对生物生态系统的理解中借用一些术语以及见解。事实上，从许多方面来说，生物生态系统仅仅是一个用来类比的起点，同时它也提供了一个理论基础，让我们能够在网络化的世界里条理化分析企业所面临的挑战与机遇，制定合适的战略。因此，最好将我们的生态系统观念看作与商业生态系统特别相关的类型。商业生态系统会在以下几处与生物生态系统展现出不同：

- **创新**。生物生态系统不会为了吸引外部观察者的关注而相互竞争，它们也没有必要去取悦观众。作为结果，它们强调在面对外部冲击时具有稳定性和持久性——这对产业以及公司来说也是重要的目标，但是它们比较少关注创新。它们并没有成长和提供新功能或满足新需求的压力。如果有生态系统这么做了，当然会使得它们更容易扩张并取得成功，但这并不是它们的主要关注点，也不是有关文献的焦点。然而，我们可以很容易对此加以克服，例如通过生物学中的一些狭义的概念比喻拓展至更加广阔的进化的生物系统领域中，像基因与细胞机制等，这种进化的生物系统通常都进行着新鲜事物的创造，并且有大量的文献正在探讨这种过程。

- **对成员的争夺**。正如我们将在下面章节中详细讨论的那样，企业网络和技术网络都在不停地对成员进行争夺。为了增长，公司需要吸引新的客户与合作伙伴，这样的结果是，企业的增长需求要素变成了整个生态系统的增长需求要素。事实上，我们有关如何保持生态系统健康的探讨是基于以下事实：网络中的企业是流动的，它们拥有从一个生态系统迁移到另一个生态系统的自由。

- **聪明的个体**。最后，与生物生态系统中的成员不同——即便是按照最宽泛的标准定义的成员，商业生态系统中的成员具有一定的前瞻性以及规划能力。尽管在接下来的大部分内容中，我们认为管理者和其他生态系统决策者的选择是有限的，并且受限于控制着生态系统动态的力量，但是这丝毫没有削弱他们做出明智决策的责任的重要性。

简而言之，我们会请读者记住我们正在发展新的有关商业生态系统的概念。这些概念是源自生物生态系统的，但是有重大的修改，这种改动很大程度上来自一个总体进化的生物系统的更广阔的视角。

## 超越企业与行业

我们在此所建议的方式与有关技术转移的传统分析不同，其中一个最有意义的差别是，我们的分析单位并不是行业，而是一个生态系统中某个特定的部分，各个组织则是这个特定部分的一员。对我们所研究的生态系统或者生态系统的某个部分来说，它们的"边界"并不需要（通常也不需要）与传统的行业边界相重合，我们研究的边界应该是由组织间所发生的相互作用的强度和类型来决定的。举个例子，我们可以根据共享某些工具和技术组件来定义生态系统，如在微软开发者网络中；又或者根据买家/供应商的交互关系来定义，如在沃尔玛的供应商网络中。这些系统中的组织很大程度上是由其所属网络的整体健康状况来驱动的。正因如此，一个生态系统可能会跨越好几个传统行业。例如，计算机生态系统中不仅包含软件行业，而且包含硬件行业中的重要部分以及许多其他行业，这些行业依赖计算机与信息技术并且投入了大量的资源来满足行业自身的相关需要。

由于这些因素，生态系统的健康以及生态系统的动态影响会很容易地打破传统的行业边界。计算机行业是最近且最显著的一个例子，计算机行业的进步推动了计算机生态系统中各行业的生产率全面提高。这种跨越传统行业边界的现象也可以朝着相反的方向发挥作用。当生态系统中许多不相关的行业同时遭遇破坏或者收缩时，这些影响会传送回生态系统的"核心"，就像过去几年里计算机生态系统中所发生的一样。这种对于商业生态系统的定义，显然是与传统行业的定义不相同的，但是与生物学中的定义颇为相似，其重点是相互作用的强度与性质，而非其他先入为主的分类。

此外，与生物生态系统一样，某一个特定生态系统的边界通常是难以确定的。生物体即使在空间和时间上分离，也可以通过许多间接的联系产生相互作用（例如，生物会通过它们对温度、中介生物等的影响而产生相互作用）。同样，企业之间也可能产生相互作用，即使它们看起来离得相当遥远。因此，与其像我们经常为行业划分边界那样强行为生态系统设立一个静态的、清晰的边界，还不如去测量不同企业之间的相互作用的程度，且按照相互作用的既定水平和类型将一群企业描述为生态系统（例如，市场关系、技术共享和许可协议等）。从本质上来说，这也是分析社会网络所采用的方法，它将结构定义为行动者之间持续的关系模式。[30]

最重要的是，就像生物生态系统一样，商业生态系统的特点是有大量的、松散的、相互联结的参与者，它们依赖彼此而生存。在下一章中，我们将讨论在广泛联结的网络中，个体企业的健康状况和个体产品的效果在很大程度上依赖于网络中其他企业和产品的健康状况。尤为重要的是，开发出一种方法描述整个商业网络生态系统的集体健康状况，并且理解可以用何种方式来影响和应对这种生态系统的健康状况。

## 注释

［1］Robert Gavin，"Regional Report：States Join to Prepare for Disasters," *Wall Street Journal*，12 December 2001，B11.

［2］Jeff D. Opdyke and Karen Damato，"Accessing Money Proves Difficult in These Trying Times," *Wall Street Journal*，14 September 2001，C1.

［3］Quentin Hardy，"The Killer Ad Machine," *Forbes*，11 December 2000.

［4］J. D. Nason，E. A. Herre，and J. L. Hamrick，"The Breeding Structure of a Tropical Keystone Plant Resource," *Nature* 391（12 February 1998）：685-687；F. R. Lambert and A. G. Marshall，"Keystone Characteristics of Bird Dispersed Ficus in a Malaysian Lowland Rain Forest," *Journal of Ecology* 79（1991）：793-809；and T. G. O'Brien et al.，"What's So Special About Figs?" *Nature* 392（16 April 1998）：668.

［5］这个形象的比喻来自 E. O. Wilson，quoted in *Harvard* magazine，March-April 2003.

［6］C. Y. Baldwin and K. B. Clark，Design Rules（Cambridge，MA：MIT Press，2000）and E. M. Pugh，*Memories That Shaped an Industry* （Cambridge，MA：MIT Press，1984）.

［7］此外，这种创新活动的分布将创新与解决问题的思维带到了一个新的高度，从而提高了创新的质量和实用性。举个例子，详见 Eric Von Hippel，"The Impact of 'Sticky Data' on Innovation and Problem Solving," *Management Science* 40，no. 4（1994）：429-439；and Eric Von Hippel and Stephan Thomke，"Customers as Innovators：A New Way to Create Value,"

*Harvard Business Review*，April 2002，74-81。

［8］James F. Moore，*The Death of Competition: Leadership and Strategy in the Age of Business Ecosystems*（New York: HarperBusiness，1996）.

［9］例子包含了汽车领域（见 Moore，*Death of Competition*）、建筑领域（见 R. G. Eccles，"The Quasifirm in the Construction Industry," *Journal of Economic Behavior and Organization* 2（1981）: 335-357）和生物科技领域（见 W. W. Powell，K. W. Koput，and L. Smith-Doerr，"Interorganizational Collaboration and the Locus of Innovation: Networks of Learning in Biotechnology," *Administrative Science Quarterly* 41（March 1996）: 116-145）。

［10］这个部分有关服装行业的观点来自 F. Warren McFarlan and Fred Young，"Li & Fung（A）: Internet Issues," Case 9-301-009（Boston: Harvard Business School，2001）.

［11］Janice H. Hammond and Maura G. Kelly，"Quick Response in the Apparel Industry," Case 9-690-038（Boston: Harvard Business School，1991）.

［12］Dennis K. Berman et al.，"Leading the News: Telecom Sector's Crash Shows Signs of Deepening," *Wall Street Journal*，23 April 2002.

［13］Yochi J. Dreazen，"Behind the Fiber Glut: Telecom Carriers Were Driven by Wildly Optimistic Data on Internet's Growth Rate," *Wall Street Journal*，26 September 2002.

［14］同上。

［15］Rebecca Blumenstein and Gregory Zuckerman，"Domino Effect:

Telecom's Troubles Spread from Upstarts to Sector's Leaders," *Wall Street Journal*, 13 March 2002.

［16］Steven Rosenbush et al., "Inside the Telecom Game," *Business-Week*, 5 August 2002; Dreazen et al., "Behind the Fiber Glut."

［17］Blumenstein and Zuckerman, " Domino Effect. "价格已经开始下降。价格战"已使长途电话的价格下降到了每分钟一分钱"。"在许多光纤公司中，数据传输的价格已经在一年内下降了一半。"无线通信的资费也在下降。《商业周刊》（*BusinessWeek*）的一篇产业评论认为，该行业在发生任何有意义的转型之前，未来的日子将会更加艰难："现如今第一阶段的任务是控制供过于求。"这包括大幅削减成本，并努力消除巨额债务。这个阶段应该会持续两年，其间，将继续有大量的公司滑落至破产的边缘，乃至倒闭。但是，这样的情况将持续至第二阶段（整合阶段）到来，才能真正得到缓解。第二阶段将在这个十年的中期才会出现，此时存活下来的企业已经整理好资产负债表，并且吞并了那些被迫将价格降到最低限度（几分钱）的同行。（Steve Rosenbush et al., "When Will the Telecom Depression End?" *BusinessWeek*, 7 October 2002.）

［18］Baldwin and Clark, *Design Rules*; M. L. Tushman and P. Anderson, "Technological Discontinuities and Organizational Environments," *Administrative Science Quarterly* 31（1986）: 439-465; M. Iansiti and T. Khanna, "Technological Evolution, System Architecture and the Obsolescence of Firm Capabilities," *Industrial and Corporate Change* 4, no. 2 （1995）: 333-361.

［19］这个重要的观点来自 Baldwin 和 Clark 的 *Design Rules*，里面深度探讨了该观点。

［20］Von Hippel and Thomke，"Customers as Innovators."

［21］Baldwin and Clark，*Design Rules*. 另见 Carver Meade and Lynn Conway，*Introduction to VLSI Systems*（Reading，MA：Addison-Wesley，1980）.

［22］有趣的是，第二代苹果电脑与 TRS-80 计算机早期小规模的成功，促使 IBM 第一个推出了个人电脑（PC）。正是对这些早期平台的潜在威胁的认知，使得 IBM 产生了将产品快速商品化的压力。这种压力对发展个人电脑（PC）架构模块化起到了决定性作用。

［23］举个例子，见 Frank P. Coyle，*XML*，*Web Services*，*and the Data Revolution*（Reading，MA：Addison-Wesley，2002）。想了解松散耦合的组织，见 J. D. Orton and K. E. Weick，"Loosely Coupled Systems：A Reconceptualization，"*Academy of Management Review* 15（1990）：203-223；J. W. Rivkin，"Reproducing Knowledge：Replication Without Imitation at Moderate Complexity，"*Organization Science* 12，no. 3（May-June 2001）：274-293。

［24］J. I. Cash and B. R. Koszynsky，"IS Redraws Competitive Boundaries，"*Harvard Business Review*，March-April 1985，134-142.

［25］EDI 需要将每个通用的商业文档，例如采购订单、购买确认单或者销售订单等，都转换为一种特定且严格的格式。

［26］M. Hammer，"The Superefficient Company，"*Harvard Business Review*，September 2001，82-91.

［27］McFarlan and Young，"Li & Fung（A），" 6.

［28］同上。

［29］"Li & Fung, Microsoft Tie Up for SCM，"＜http://www. microsoft.

com/hk/enterprise/lifung. htm＞（accessed 12 March 2003）. 冯说："微软代表了这个行业的标准。"他补充说，尽管这家美国软件巨头还没有百年的历史，但是"我们有信心在 100 年后还能在这里看见（微软）"。

［30］见 Stanley Wasserman and Katherine Faust，*Social Network Analysis*（Cambridge，UK：Cambridge University Press，1994）。

# 第 3 章

# 集体行为

## 集体崩盘

2000 年 12 月，雅虎遭受了巨大的挫折。在一个季度内，雅虎实现了盈利，而在下一个季度，亏损接踵而至，它损失了大量的资金，资产还在缩水。在一个月后，思科（Cisco）也撞上了墙，且冲销了近 20 亿美元的库存。这是为什么呢？更有意思的是，为什么会这么突然呢？雅虎与思科之所以会失败，是因为其庞大的商业生态系统慢慢变得不健康，最终导致崩溃。尽管它们的下滑是突然的，但这种结果并不是由突然的行为引起的。它们崩溃时的暴烈程度反而证明了其组织网络中经常集体出现的令人困惑的行为。

就像生物生态系统中的物种一样，在网络化的行业中，企业的业绩都是高度相互依赖的。英伟达的企业价值与财务表现就与其利用的制造平台的价值和财务表现息息相关。英伟达通过

Xbox 的业务与微软开展了合作，还与 Xbox 的电路板制造商伟创力（Flextronics）以及多款 Xbox 游戏的制作商 EA（Electronic Arts）建立了合作关系。这些公司之间的诸多相互依赖关系，使它们在所取得的结果方面形成了某种微妙且强烈的联系，即使乍一看，这些公司并不相关。事实上，一家游戏制作商和电路板制造商之间的绩效虽然相互有所关联，但是不会一下就明显地显示出来，毕竟它们在不同的行业中运营。但是因为游戏制作商与电路板制造商所属的群体都是其更加庞大的商业生态系统中的一分子，所以这两类企业的业绩关联就属于必然。

通常情况下，我们理解的商业生态系统中行为的相关边界，会超出行业定义中明显划定的范围。雅虎生态系统中的关键成员不仅限于互联网企业，还包括软件或电商零售业公司，这些关键成员可以扩展至其他一些关键社群，甚至进入金融领域，包括投资公司、投资银行和养老基金。正如我们将会在本章后面的内容中看到的，雅虎的许多互联网业务合作伙伴都有长期的问题，且这些问题可能是因为雅虎的行为而加剧的，但是金融群体的参与者都足够强大，足以在相当长的一段时间里支持雅虎的合作伙伴。资金从密歇根州的一家养老基金流向了硅谷的一家风投公司，再流向位于加州旧金山市市场街南区（South of Market Street）的一家 B2C（business-to-consumer）公司，最终这些资金会流入雅虎以及思科这样庞大的互联网设备商手中。当这种现金流不能掩盖雅虎的许多合作伙伴的商业模式所产生的固有问题时，震荡就会在生态网络之中扩散开来。

　　雅虎和思科在它们的业务伙伴有能力吸引现金时表现还不错。它们可以对精密的电信设备、广告以及流量共享协议收取更高的费用，尽管互联网商业群体中存在着根深蒂固的运营问题。就像大多数公司都会做的那样，雅虎与思科利用它们的地位，尽可能地获取最大化的经济利益。这虽然优化了它们的短期利益，却不利于它们的长期前景，因为它们依赖着并不健康的商业网络生态。随着市场重新调整，以及金融界的集体期望回归现实，这种相互依赖的循环便会开始转变。随着资金支持的枯竭，B2C 企业中的固有问题浮出水面，整个系统便开始崩溃。

　　因为在一个相互依赖的行业细分市场中，每个组织的业绩都是相关的，所以围绕着 Xbox、思科还有雅虎的商业生态系统就共同拥有了一个相同的或者说"集体"的属性。这个属性可以被认为是一种描述该行业领域整体行为的某些一致性的特征。这个属性可以扩展至整个生态系统并变成整个生态系统的属性。正如一个生物生态系统一样，要么十分繁荣，要么受到污染和威胁。我们认为，一个商业生态系统（以及它的各种群体）的"健康"是一个重要的集体属性，需要加以定义、理解和分析。在雅虎和思科的案例中，尽管它们获得了巨大的利润，但是其商业生态系统的健康状况本应该为它们敲响警钟。

　　本章我们着重来了解商业生态系统的整体健康状况。为此，我们拓展了对生物生态系统的讨论并将其作为一个比喻，同时我们也借鉴了大量的有关复杂的系统进化的文献。这有助于我们测量生态系统的健康状况，并强调这种测量对公司战略的启示。

## 生态系统的健康

在网络环境中，没有一家公司的行为是孤立的。一个公司的绩效不仅是其自身能力的体现，或是相对于竞争对手、客户、合作伙伴以及供应商的静态的定位，更是它与整个生态系统动态相互作用的结果。因此，在研究企业可以采用哪些具体方法来提高绩效之前，更重要的是开发一种方法来了解和评估企业层面的战略可以对产品网络、技术以及其他具有生态系统特征的企业所产生的影响。

我们该如何来简化一个极其复杂的生态系统？为了便于分析，将一个生态系统细分为许多相关的业务领域通常是一种非常有用的方法。这些领域可以被认为是从事类似活动的一群组织，某些时候这些领域可能与传统的行业类似。因此，每一个生态系统都会包含几个领域，这些领域可能会与其他生态系统共享。图 3-1 描述了软件生态系统中一些相当重要的领域，是从其核心枢纽微软的角度来描绘。为了能够让生态系统正常运行，每一个对相关产品或者服务的交付至关重要的领域都应该是健康的。任何一个领域自身的脆弱性都可以进一步破坏整体的表现。举个例子，微软的业绩依赖于其独立软件供应商（independent software vendor，ISV）与系统集成商领域（systems integrator domains）各自的健康状况。

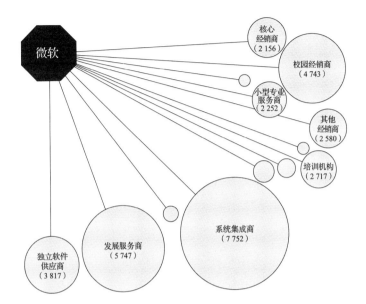

| 微软合作企业总数 | 38 338 | | |
| --- | --- | --- | --- |
| 业务领域 | 企业数量 | 业务领域 | 企业数量 |
| 系统集成商 | 7 752 | 综合大卖场 | 220 |
| 发展服务商 | 5 747 | 软件分销商 | 160 |
| 校园经销商 | 4 743 | 直销商 | 105 |
| 独立软件供应商 | 3 817 | 电脑超市 | 51 |
| 培训机构 | 2 717 | 应用服务集中供应商 | 50 |
| 其他经销商 | 2 580 | 电子零售商 | 46 |
| 小型专业服务商 | 2 252 | 办公用品商店 | 13 |
| 核心经销商 | 2 156 | 总集中供应商 | 7 |
| 服务器供应商 | 1 379 | 会员制仓储商店 | 7 |
| 互联网服务供应商 | 1 253 | 利基市场专营店 | 6 |
| 企业咨询机构 | 938 | 次级分销商 | 6 |
| 技术支持企业 | 675 | 应用软件集成商店 | 5 |
| 硬件分销商 | 653 | 微软直接经销商 | 2 |
| 消费型电子产品公司 | 467 | 微软直营商店 | 1 |
| 非细分市场经销商 | 290 | 网络设备供应商 | 1 |
| 媒体商店 | 238 | 网络服务供应商 | 1 |

**图 3 - 1　微软软件生态系统中的领域**

说明：数据来自微软公司，包含了微软 32 个不同领域中合作伙伴企业的总结报告。只有企业数量超过 500 家的领域才会包含进去。

　　如果一家企业采取了反映自身战略的行动，却没有考虑到这项行动对其相邻业务领域或者整个生态系统产生的影响，那么它一定是忽视了它所在的环境是网络化的环境这一事实。当美国在线（AOL）和雅虎在互联网泡沫的繁荣年代与它们的网络合作伙伴达成了一些激进的协议时，它们在财务上就削弱了它们的合作伙伴，并且为即将到来的崩溃埋下了伏笔。对于一个财务上更健康的领域来讲，只是将弱小的互联网企业的固有问题掩盖掉是完全不够的。尽管按照传统的衡量标准，雅虎与美国在线的行为可能并没有影响这些金融公司的业绩，但是它们的行为对整个系统所产生的集体效应则是对稳定性的破坏，最终不仅对生态系统中较弱的领域，而且对整个生态系统产生了灾难性的后果。没有人会质疑美国在线和雅虎这两家公司是否清楚它们已经被嵌入一个相互依存的企业网络：两家公司都明确地将自身视为其网络中的枢纽。但是，它们都对作为一个枢纽所能产生的影响缺乏全面的认识。本质上，美国在线与雅虎都没有意识到枢纽核心能对大型网络的集体动态产生如此巨大的能量。因此，它们依然遵循着短期的优化财务收益的策略，同时还在损害着其生态系统中关键领域的健康。它们所缺少的是一个评估整个网络的健康状况的框架，它们本来可以用这个框架来评估自身行动的后果。

　　那么，什么能让商业生态系统变得健康呢？很重要的一点是，要认识到这个问题是一个全新的问题。我们并没有在经济学的概念上谈论那些关于经济健康的衡量指标，例如企业数量和"竞争"或者"消费者选择"这样抽象的指标，相反，我们提出了一个截然不同的问题：我们该如何评估由企业、产品和消费者组成的整个商业生态系统的健康状况？我们所寻求的是一些衡量指标，用来衡量一个生态系统作为一个整体，能为每一个领域持续创造机会的程度。如果一个生态系统只能提供有限的选择，而这些选择并没有实际意义上的不同，这显然是不够健康的；如果环境能够产生和提供创新的事物，但是整个生态系统在环境发生第一次破坏性变化时就消散或者崩溃，那么这也是不可接受的。

为了能以寻求（衡量指标）的感觉来评估商业生态系统的健康，我们建议检查生态系统的三个方面，我们从生物学的比喻中受到了启发，并且以我们的生态系统来类比：生产率、强健性以及利基市场创造力。接下来，我们将解释这三个方面，并将它们应用于三个不同的生态系统群体中：软件应用程序提供商、生物技术公司和互联网服务公司。

## 生产率

哪些技术可以可靠地转换为新的产品？资本和其他投资在哪些地方得到了最有效的利用？年复一年，这些成就是如何取得的？不同的商业网络沿着这些维度展现出了不同的表现。在同一时期，软件公司平均的投资回报率接近 10%，生物技术公司的亏损超过 5%；尽管软件公司在最近的 10 年里保持了相对稳定的回报，但是互联网公司的回报相当不稳定。与此同时，无数大大小小的技术革新以及巨变都在冲击着这些行业——从线上零售到即时通信，从人类基因排序到数码摄影。然而，只有软件公司能够持续且有效地将这些输入的技术转化为新的产品。这些网络之间的差异反映了在生态系统健康方面的一个关键的差异：它们的生产率。

在有关生物生态系统保护的文献中，生产率是一个被广泛使用的衡量生态系统健康以及对生态系统成员有多大益处的指标，它解释了生态系统是如何高效地将原材料（食物）转变为鲜活的有机体的。这种衡量方式类似于经济学中各种常用的分析生产率的方式，抑或是其他更加简单的测量方法，例如投资回报率等，还可以适用于不同的生态系统或生态系统领域。在生物生态系统中，一段时间内的投入并不会显著改变。我们所感兴趣的商业生态系统与此截然不同：它们的投入会改变，以新技术、新流程和新需求等形式来展现。

通过类比法，我们在衡量生产率时也应该反映生态系统能如何有效地将创新成果转化为较低的成本或者新产品与新功能。这表明至少有三种与生产率相关的测量指标。

1. **要素生产率**。利用传统的分析经济生产率所使用的技术，我们可以根据生态系统的参与者将生产要素转化为有用的产品的生产率水平来对不同的生态系统进行比较。这类指标中最普遍使用的是投入资本回报率（ROIC）。图 3 - 2 展示了使用 ROIC 对生态系统的比较，并且显示出软件、生物技术和互联网公司之间存在着显著的生态系统健康方面的差异。

图 3-2 生态系统中的生产率差异

说明：为了测量三个生态系统（软件、生物技术和互联网）的投入资本回报率（ROIC），我们收集整理了这些领域中所有上市公司的系统列表，并计算了 ROIC 的总值。[①]这个列表包含了所有属于标准工业分类（SIC）737、3570、3571 和 3575 的软件上市公司以及 SIC 2836 中的生物技术上市公司。这份互联网公司的名单是由 1995—2002 年所有的 IPO 公司名单汇总而成，我们再从这些公司中手工整理出其中的互联网公司。[②]名单中大约有 800 家软件公司、231 家生物技术公司和 130 家互联网公司。

注：①计算 ROIC 的方法是将每年生态系统的总净收入除以生态系统的总投资（这里每一项的计算方式是将构成其生态系统的每一个公司的价值相加），然后取 1990—2002 年期间的平均值。

②目前（指作者写作之时），还没有对互联网企业的 SIC 分类。我们在图中所认定的互联网公司取自 www. bullsector. com/internet. html，www. wsrn. com/apps/internetstocklist，www. internetstockreview. com。

**2. 生产率随时间变化。** 生态系统中的成员和那些使用其产品的客户的生产率是否会随着时间的推移而提高或者降低？它们能否以越来越低的成本生产同样的产品或者完成同样的任务？

图 3-3 展示了软件、生物技术和互联网公司随着时间变化的 ROIC 数据。关于互联网公司的那部分特别有趣，它显示了该行业 1996—1997 年生产率急剧下降，正是在这段时间，流量共享协议开始在该行业大行其道。这幅图的有趣之处在于：ROIC

的直线下降比互联网企业实际崩溃早了三年多。如果能提前认知
到网络的健康状况，可能有助于像思科这样的公司减少对这种不
稳定的警惕。

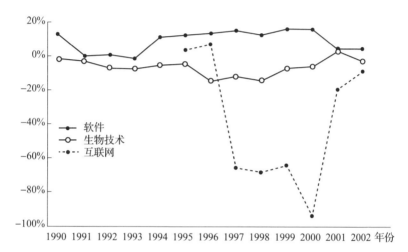

**图 3-3　随时间推移的生态系统中的生产率差异**
说明：这张图展现了与图 3-2 中同样的数据（以时间为横轴）。

　　将生物技术与软件这两个生态系统的数据进行对比也很有
趣。为什么这两个群体的 ROIC 模式会如此不同呢？为什么软件
行业的数据会始终保持在较高的水准？既然已经有了这些数据的
支持，为什么生物技术行业仍然能吸引这么多的资本呢？数据强
调了生态系统之间系统性的差异。在接下来的章节中，我们将会
把这些系统性的差异与形成生态系统核心枢纽的组织的行为联系
起来，并解释网络核心型战略和支配主宰型战略的影响。

　　**3. 创新的实现**。衡量生产率的其他指标也可以应用于生态

系统的分析。在传统经济学领域中一个不太常见的且有趣的观点就是，对一个生态系统的共享和鼓励创新的倾向程度进行研究。某生态系统能否向它的成员企业有效地传递新的技术、流程或者想法？对生态系统成员来说，与直接采用创新成果相比，共享创新成果能否更多地降低成本？创新的成功是否在整个生态系统中传播，并且提高了生态系统成员传统意义上的生产率？

软件行业提供了一些有趣的例子。衡量生态系统创新方面健康程度的基本方法是观察一项技术从出现到广泛应用之间的时间差。例如，Mosiac 浏览器（IE 浏览器前身）的出现到后续 IE 浏览器广泛应用之间的时间间隔就短得令人惊奇。Mosiac 浏览器的第一个测试版本出现于 1993 年，到了 1995 年，每一个 Windows 系统里都安装了 IE 浏览器以及所有的技术组件（例如为确保内置互联网连接而采用的 TCP/IP，HTML，HTTP，URL 以及 SSL 等技术）。

另一项衡量标准是看使用一项创新技术的难度是否降低。例如，20 世纪 80 年代末的情况与现在的情况不同，当时在同一栋建筑内建立网络连接都需要相当多的专业知识和时间（更别说将电话线连接到遥远的地点了）。还有一项衡量标准是看创新所带来的潜力可以被利用到何种程度。例如，生态系统中的某项创新成果可以被许多不同类别的成员以不同的形式使用，比方说 HTML 已作为一个通用的标准用来对应用程序中的文本进行标识，它在从会计软件包到系统帮助工具等各种应用中都获得了广泛使用。

最后一种衡量标准，即创新的实现，是一个非常重要的指标，因为它鼓励我们去遵循特定的创新开发与推广的过程，并评估使用创新成果的成本与收益。不过第一种衡量标准——生产率，可以作为一个相对方便的变量，它能让我们在无法考察单独的创新时，至少通过这一指标测量创新对生态系统成员所产生的集体性效应。需要注意的是，我们所要求的生产率的增长应是持续的增长：一个生态系统只为新加入的成员提供一次性的改进是远远不够的。

## 强健性

现有的创新技术影响分析框架通常受到这样一种观点的塑造，即组织的响应速度会因惰性而迟缓，技术变革是以不连续的潮流来推动整个行业的。[1] 但是，以我们在这里探讨的意义来讲，由这些理想化的动力所控制的网络并不健康。为了给依赖它的成员带来持续的好处，一个生物生态系统必须坚持抵抗环境的变化。同样，一个商业生态系统应该能够在环境的变动和干扰下生存下来。如果一个商业生态系统彻底死亡或者每一次都被新的技术变革或外部干扰彻底改变，那么依赖这个系统的人不太可能从它所提供的机遇中受益。

成为一个强健的生态系统的一部分，对一个公司的好处是显而易见的：公司在一个风险相对可控的环境中运行，并在运行时随时将可能威胁自身的冲击吸收。这一好处对企业的健康有几个方面的贡献，每个方面都可以从强健性的角度来评估生态系统的健康情况。

衡量强健性首先应该考察特定生态系统中的生存率。一个健康的生态系统将帮助各种各样的公司生存，这些公司生存在各种各样的生态位上，并且经历着各种不可避免的干扰。然而生存率只是最基本的指标，更加复杂的分析应该关注各种各样的指标。

**1. 生存率。** 生态系统的参与者应该有较高的生存率，无论是随着时间的推移，还是相对于其他可比较的生态系统。图 3－4 和图 3－5 显示了软件、生物技术和互联网生态系统群体所包含公司数量是如何随着时间的变化而变化的。

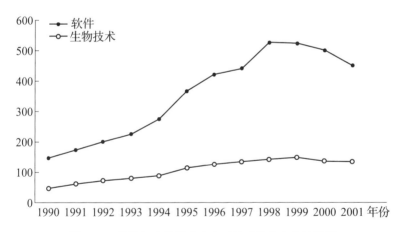

图 3－4　软件与生物技术生态系统群体中企业的数量

在软件生态系统群体中，我们见识到了一个超过十年的强劲增长期，其中在 2001 年技术衰退期间出现了一些收缩。生物技术行业的增长相对平稳，这样可以掩盖许多行业的动荡。我们所看到的是，随着初创公司取代了倒闭的公司，行业的格局发生了

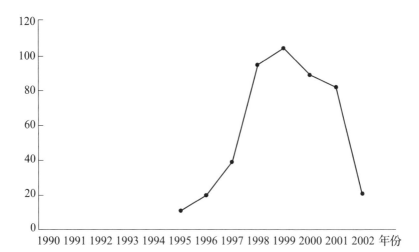

图 3 - 5　互联网生态系统中企业的数量

巨大变化。正如预期的那样，互联网生态系统在 2002 年出现了戏剧性的崩溃。同样，值得注意的是，图 3 - 3 所展示的互联网生态系统的崩溃（以 ROIC 衡量）比图 3 - 5 所展示的互联网企业的崩溃要提早若干年。

　　**2. 生态系统结构的可持续性**。在一个健全的生态系统中，生态系统成员之间的关系是可以发生变化的，但总的来说，生态系统的结构不受外部冲击的影响，大多数企业之间以及技术之间的联系仍然会保留下来。值得注意的是，那些依赖于生态系统的成员（包括生态系统本身的许多成员）可以依赖于生态系统中的某些结构特征——其中细节可能会发生改变，但是"它的工作方式"是循序渐进的，并且在很大程度上是可以预测的。我们将会在后面的章节中讨论其应用场景。

**3. 可预测性**。在一个强健的生态系统结构中，变化不仅是可控的，而且是可局部预测的。生态系统结构变化发生的位点将会因为冲击的不同而有所差异，但是一个可预测的"核心"通常将保持不受影响的状态。从概念上讲，个人电脑（PC）桌面环境的进化就是一个很好的例子，尽管它从一个单纯的文档创建环境和管理环境发展到一个更加丰富的环境，包含从处理购物到交流沟通再到看电影和玩游戏等所有的事情，但是个人电脑做到这一点并没有发生太大的变化。[2]

**4. 有限的淘汰**。在一个健康的生态系统中，不会因为对一些扰乱做出反应而出现大规模的淘汰现象。在生态系统的环境发生巨大的变化之后，大多数已安装的基础设施或者对技术或组件的投资仍然在继续使用。个人电脑（PC）的适应性是一个很好的例子：通过在数字摄影中采用高端数字图像编辑工具，与将数据快速传输到外部驱动盘的技术相结合，以及在文件浏览的 UI（User Interface）界面中添加用以支持常见的摄影功能（缩略图、预览甚至在线打印功能）的拓展插件，个人电脑已经适用于全新的应用领域。它其实并没有被特殊用途的工具（例如数码相机）取代，而是成为它们使用时的一个重要组件。

**5. 使用体验与情景的连续性**。消费者对一个健全的生态系统生产的产品的体验将会随着新技术的引入逐渐发生改变而不是突然发生改变。现有的能力和工具将被用来执行新技术所支持的运营活动。[3] 一个例子就是在个人电脑桌面上发展起来的一种一致性"用户模式"。例如查看网页内容与查看其他类型的文档很大程度上没有区别，变得越来越无缝衔接。这在一定程度上是由稳定的 API 带来的可预见性实现的。举个例子，用户可以将相同的概念模型应用于硬盘上的文件以及数码相机上的文件，原因之一是它们使用了相同的底层 API。

　　并不是所有的这些措施都适用于所有的场景，但是作为一个集合，它们可以被当作一组评估强健性的有效工具。正如我们在之前对"领域"的讨论中所强调的那样，这样的分析不一定要集中在那些由在相似的市场中竞争的企业组成的行业中，而是更加普遍地集中在那些由共享相同的节点的企业组成的网络中。正如我们在讨论有关于网络的文献时所强调的那样，有普遍且强力的证据表明，具有某些结构特征的网络，尤其是存在核心枢纽的网络，更有可能展现出这里所定义的结构的可持续性和可预测性。在一个网络结构中，枢纽核心将有效地利用网络来对崭新的、不确定的状况进行反应。只要保持足够的多样性，就可以利用其他网络成员的能力，向客户提供新的产品组件或者新颖的有特点的服务。因此，一个稳定的中心和一个由相互关联的实体组成的多样化网络的存在，是生态系统强健性的一个有效指标。

## 利基市场创造力

　　现在的台式电脑与十多年前的台式电脑有着大致一样的外观与总体架构。就像我们车库里的车一样，乍一看似乎没有什么改变，因为它们的基本样式已经稳定下来了。然而，两者之间的差异不能够再显著了。汽车已经有近乎一整代没有增加什么主要的功能了，个人电脑却不断地增加功能（从财务记录到数码摄影，从游戏到电话通话），这样一来那些专注于这些新功能的公司就获得了多样性增长。

汽车行业与计算机行业呈现了非常不同的情景。事实上，计算机行业积极地拥抱新技术，并以一种近乎狂热的姿态为全新的企业持续地创造了机会，而汽车行业则一直试图阻止新的利基市场的迅速发展。这种差异展现了评估生态系统健康程度的另一个维度。强健性与生产率并不能完全反映一个健康的生物生态系统应有的特征。无论是在生态学的文献中，还是在流行的概念中，这些系统所表现的多样性（即它们支持许多不同的物种）也是十分重要的。尽管多样性通常被认为是这些生态系统的正面属性，但它们并不代表绝对的好，例如一些高生产率和高价值的生态系统就没有多样性。[4] 此外，正如我们已经提到的，许多商业系统有多样性的特点，但是它们处于停止或者衰退的状态。再者，就像一些复杂的进化系统例如社会性的昆虫群体一样，商业生态系统有能力通过集成和创新创造全新的功能。

基于上述原因，多样性本身不应该被直接当成商业生态系统正面的健康衡量指标。在这样的系统中，重要的是通过创造有价值的新功能来增加有意义的多样性能力。就以生态系统的比喻而言，这是创造有价值的利基市场的能力。我们可以用两个相关指标来评价这个维度的生态系统健康状况。

**1. 企业多样性的增长**：在一定时间内，在生态系统中培育出新公司的数量。

**2. 产品和技术多样性的增长**：在一定时间内，生态系统中培育出的新产品、技术构建模块、类别或者企业的数量。

举个例子，如果需要一个粗略的测量方法对微软的操作系统支持功能的多样性进行测量，就是计算机软件开发者在创建应用程序时能够使用的 API 的数量（见图 3 - 6）。就像 DOS 与 Windows 系统的情况一样，一个健康的生态系统应该建立在这种指标的值处于较大且上升的基础之上。

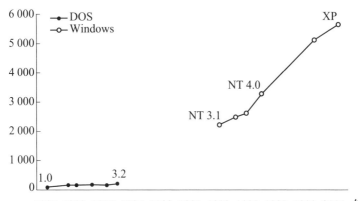

**图 3 - 6　利用应用编程接口（API）数量来测量微软操作系统功能的增长**

说明：Windows 操作系统中的 API 数量是由 Win32. API. Csv 列表中的"功能"与"界面"的总数决定的。这个列表来自微软为其操作系统提供的完整版本的软件开发包。

请注意，这些指标与我们测量生产率的方式是相联系的，特别是创新的实现方式，其中一种方式就是通过创建新的公司来实现。因此，衡量创造利基市场的一个相当直接的方式就是看新技术以各种新业务和新产品的形式出现的程度。

因为不是任何一种多样性都很重要，而是能创造价值的多样性才重要，所以新的企业类别必须是有意义的新类别：它们能够提供新的功能、启用新的场景，或者产生新的技术或想法。[5] 探索生态系统健康的这个重要方面的其中一种方法是研究多样性和消费者体验之间的关系：各类公司和它们的产品能否满足各种各样的消费者体验？在实现这种消费者体验以及构建下游产品时是否体现了便利性和有效性？

尽管健康的生态系统应该随着时间的推移创造出更多的利基市场，但是这并不意味着旧的利基市场需要继续保持：利基市场的多样性实际上在某些领域会减少。当审视计算机生态系统的整合过程时，我们将详细地探讨可能会出现的这样一种情况：一些地区的多样性的减少使得其他地区产生了利基市场。这与生物进化中产生系统层面上的新能力的过程是相同的：在某个层次上的多样性的降低可能会使得平台得以创建，从而可以在更高层级上实现更大、更有意义的多样性。

综上所述，本章所讨论的所有的衡量指标定义了我们所说的健康的商业生态系统，这个系统可以持续地为其成员以及依赖者提供更好的机会。它们代表了相对清晰的、可测量的指标，让我们可以直接用其比较不同的生态系统和生态系统领域。[6]

## 集体的改进

在 B2C 群体崩溃后的几个月里，它们几乎被淘汰出了商业的舞台（实际上已经有许多小的竞争者被淘汰），雅虎和思科都在它们的业务实践中进行了实质性的改革。它们现在都在积极地审视自己的商业生态新系统的健康状况，并评估如何将自己的业务向更健康的客户群体推广。这两家公司都系统性地减少了对不健康的供应商/合作伙伴群体的依赖，并且增加了对更传统、"更安全"的蓝筹客户的关注。此外，两家公司都远离了可能会降低生态系统群体健康的内部操作。

那些不稳定的但又有大量闲钱的客户或者高速增长的商业环境可能还会回来，但是那些经历了互联网泡沫最糟糕时期的企业至少已经获得了宝贵的教训：一个核心企业对其所在网络的整体生态健康所产生的关键影响是不容忽视的。

## 注释

[1] R. D. Dewar and J. E. Dutton，"The Adoption of Radical and Incremental Innovations：An Empirical Analysis，" *Management Science* 32，no. 11 (1986)：1422-1433；M. L. Tushman and P. Anderson，"Technological Discontinuities and Organizational Environments，" *Administrative Science Quarterly* 31 (1986)：439-465；R. M. Henderson and K. B. Clark，"Architectural Innovation：The Reconfiguration of Existing Product Technologies and the Failure of Established Firms，" *Administrative Science Quarterly* 35 (1990)：9-30；and Clayton M. Christensen，*The Innovator's Dilemma：When New Technologies Cause Great Firms to Fail* (Boston：Harvard Business School Press，1997).

[2] 这在一定程度上得益于 Windows API 的发展。例如，扩展了用于

访问软盘以及硬盘上文件的 API，方便处理每一种新出现的存储介质（从 CD-ROM 到 DVD 和数码相机）。

[3] 有意思的是，这种连续性可能会导致人们在某种程度上低估了系统对潜在威胁做出建设性反应的能力。例如，数码摄影技术对于 Windows 平台和 Macintosh 平台来说都是核心的部分，但是这在过去几年中并没有引起人们的关注，一部分原因是它实现了连续性，这与那些引入后没有取得类似整合效果的失败特性形成了鲜明的对比，但是更引人注目了。这方面的例子有索尼电视将记忆棒技术引入其最新的产品中。

[4] 无花果的案例再次展现了其教育意义。（J. D. Nason，E. A. Herre，and J. L. Hamrick，"The Breeding Structure of a Tropical Keystone Plant Resource，" *Nature* 391（12 February 1998）：685-687.）

[5] C. Y. Baldwin 和 K. B. Clark 在他们的著作 *Design Rules*（Cambridge，MA：MIT Press，2000）中提供了一种有意思的对"模块运营商"的分类，这些运营商通过对产品进行分解和重新组合产生了新的技术构思。

[6] 但是这些指标并没有在一般意义上为网络健康做出定义。注意，这一定是非常重要的事。因为现实中存在各种各样的网络，旨在实现各种不同的目标。这些目标可能与那些注重生产率、稳定性和创造力的商业网络有很大不同。想想恐怖组织网络的反面例子就可以知道，这样的网络对创造和生产都没有兴趣，它们主要关注生存的能力和隐蔽性。此外，虽然表面上看生存的能力是一种"强健性"的体现，但是它恰恰与我们所认为的对商业网络至关重要的能力相反：恐怖组织所在乎的是避免受到针对性攻击，因此完全去中心化。针对这样的网络，测量网络健康的方法将会完全不同。

参见第 5 章，该章详细阐述了本书所讨论的健康衡量指标，以及该指标在微软公司中的应用对整个计算机生态系统所产生的影响。

# 第 2 部分

# 生态系统战略

# 第 4 章

# 运营战略

## eBay 为什么不同于安然

安然公司和 eBay 公司在 20 世纪 90 年代后期都面临同样的挑战与困境，它们都希望成为一个大型贸易伙伴网络的中心。两者都试图运用互联网技术的巨大潜能，构建起由数百个独立市场构成的交易网络。安然公司以其在能源领域所形成的独特地位和富有进取心的一流管理能力为基础，着力改进那种规模大、价值高但一向被严重割裂的低效率的市场。eBay 公司的起点相对较低，最初定位只是那种狭窄的收藏品市场。

随后几年，两家公司都转向开发各种新的市场，计划将交易的商品增加到上千种。为此，eBay 公司努力通过财富的共享设法创建起一个由贸易伙伴构成的规模庞大而健康的生态系统。与之形成鲜明对比的是，安然公司则把信息不完备或市场不完善之处为己所用，设法从中攫取尽可能多的价值。其结果发人深省。

eBay 公司以良好的现金流起步，最终获得了高额回报；安然公司则以非法合谋的方式隐瞒巨额的亏空。eBay 公司为什么能在财富共享中取得比安然公司多得多的收益？

像这样的例子不胜枚举。从这类事例中得到的启示是：某种特定的运营决策，只有立足于创造、利用或者重塑一个健康的生态系统，才有可能带来强劲而持久的经营绩效。eBay 公司和安然公司奉行两种截然不同的运营战略，结果也就截然不同。显然，有诸多因素导致了这两家公司的成败，但它们管理生态系统的方法是最为重要的而且是目前研究最少的一大影响因素。

前一章指出，有关命运共同体和集体行为的观念将促使企业对其生态系统的整体健康状况作一个细致的考察，但这只是解决网络化环境中取得高效的持续绩效问题的第一步。第二步，也是更具挑战性的任务，是确定企业的运营战略——不管这一企业在所处环境中扮演什么样的角色。本章的重点是确定网络参与者的关键行为，这些行为不仅会直接影响其商业网络的整体特性，而且决定着企业自身的绩效。在对这一问题的探讨中，本章将归纳出几种基本的运营战略，企业可借此有效地利用网络化商业环境的巨大潜能。

## 战　略

我们如何运用网络化的世界观解释 eBay 公司和安然公司的

差别？关键点是 eBay 公司和安然公司在它们所处的生态系统中扮演着截然不同的角色。这种角色差异，对整个生态系统的健康和可持续性产生了重大影响。为了更好地把握这一思想的深层寓意，我们有必要将这些不同角色看作有着本质差异的运营战略。

一家企业所采取的战略，无论是明确的，还是隐含的，都可通过组织的经营决策模式来识别。从确保最佳绩效的角度讲，企业运营决策的模式应当与组织的环境相匹配。[1] 在网络化背景下，这一决策还应反映企业自身所处的商业生态系统结构与动力的影响。企业应当使其运营决策的模式与其决定要扮演的角色及要开发的能力一致起来。

对许多行业的研究表明，最近十年来，在诸如生产率、质量、产品推向市场的时间、顾客满意度和赢利能力等关键绩效指标上，竞争厂家之间存在很大差异。[2] 这些实证结果对一些企业在创造和保持其远超竞争对手的优势方面的成效还是被大大低估了。尽管像扩大产能、追加研发和广告投资、建立联盟等战略举措，以及诸如与产业结构有关的战略群组和进入退出壁垒等因素，可部分解释绩效方面可察觉的差异，但有关绩效差异根源的研究表明，在行动的关键能力方面，一些企业的实际表现要明显好于其他企业。这些企业在影响竞争成败方面比其他企业的能力更强，这一差异可以归结为运营战略及其能力基础的差异。

将能力与竞争关联起来的研究，在经济史和关于企业战略的近期论著中，也是一个重要的主题。[3] 尽管有关企业"特殊能力"的思想在企业政策与战略领域的研究中有着悠久的历史，但企业的资源基础观、核心能力论及学习型组织理论等近期研究成果则更多地关注运营能力的动态性质，并认为动态性是企业取得可持续绩效的关键。[4] 许多作者就是因为认识到市场、技术环境与企业能力基础之间互动的动态性，在其论著中突出强调了能力构建和在持续更新能力的过程中创新的极端重要性。[5]

然而，目前大多数的研究成果都只侧重于企业内部的运营与创新能力。这一侧重点见于运营管理、创新管理的各个领域，并体现了如下一些共同的主题：与持续改进和知识管理相关联的能力构建；信息技术在企业内部的应用；专注于产品开发活动的团队管理；资源的配置及管理等。从运营管理角度看，即使有些作者将研究重点放在企业间关系管理中所面临的挑战上，其关注点也一直是在一对一关系或至多由少量组织所组成的群体方面。典型的例子就是研究制造商与供应商的关系、客户与制造商的关系、设计机构与制造商的关系等。[6] 绝大多数这类研究贯穿一个共同主题，那就是认为各方（制造商与供应商、共同设计团队成员）之间的关系越紧密，绩效就越好。同样主题也见于研究供应链快速反应能力的许多论著中。它们认为，企业间关系越好，相互的信息交换越多，供应链系统的绩效就越好。[7] 相对而言，对扩展供应链网络的研究却很少受到关注。这是一个以大量组织的松散耦合为特征的网络。它面临着各种各样的问题，包括深度信息与激励的不对称以及信息质量不完备等。[8]

创新管理领域的文献通常也采用类似的关注点。到目前为止，许多论著专注于探讨在技术与市场动荡变化形势下竞争优势的脆弱性。在这些论著中将动态均衡模型用来研究技术变化对组织的影响，但通常将这种变化看作一种外生变量。[9] 一些作者将变化描述为破坏性的，会摧毁公司的"核心"；另一些作者则认为变化是结构性的，会从根本上改变一个组织；还有人认为变化会瓦解企业的业务模式。各种观点中一个共同的主张是将变化作为一种影响某一企业（甚或企业中的某一部门）的外部震荡或趋势。至于企业与其商业伙伴网络的关键互动，则极少有人触及。尽管克里斯滕森（Christensen）的著作中也的确对企业与其价值网络的互动作了分析，但这一互动仍被他看作一个将给组织带来更大挑战的问题。在所有这些研究框架中，网络被大多数人看作一种产生惰性的根源，而不是一个可增进生产率和创新性的动态因素。

　　最近在财务与战略领域出现的一股研究思潮，凸显了行业集中度降低与产业网络的重要性。[10] 这一研究着重分析了模块化、产品标准与网络外部性的普遍影响。其中最引人注意的是鲍德温（Baldwin）和克拉克（Clark）提出的"产业集群"概念，即由许多组织组成，彼此之间通过产品设计中的模块界面相联结的现象。这一现象对企业运营有重大影响，而鲍德温和克拉克的观点为这一研究奠定了基础。正如卡尔·夏皮罗（Carl Shapiro）和哈尔·瓦里安（Hal Varian）指出的："传统经济时代与新经济时代存在着一个核心区别：传统的产业经济受规模经济的驱动；新的信息经济受网络经济的驱动。"[11] 嘉维尔（Gawer）和库苏马诺（Cusumano）进一步拓展了这一观点。他们不仅强调了像英特尔公司、微软公司和思科公司这样的平台企业在行业中扮演的关键角色，而且认为标准和分散化的创新是至关重要的。

这些论著清楚地道明了分散化的行业会有不同的表现，但这一不同究竟会给战略制定与创新和运营管理带来什么影响，迄今并没有多少研究。本章前面在有关 eBay 公司与安然公司的案例中揭示了那种大规模、松散耦合的网络是这类企业所面临环境的基本特征。不仅在这两家企业所在的行业中，在越来越多的主要行业中也出现了这样的情况。在本书中，我们试图填补这一空白。我们将提出一个有助于理解和分析网络化环境中基本运营战略的框架。这一框架是我们基于对生物生态系统中的角色与商业网络中的战略之间可比拟特性的考察而提出的。我们下面就以网络结构与任务执行效果的关系为分析的切入点来展开具体讨论。

## 网络结构与绩效

现在越来越多的人认识到，在自然界与人造系统中有许多现象可以被看作由各个行动主体所构成的网络。[12] 从森林火灾的蔓延到建筑物火情引起的人群惊慌，对这些现象的理解和准确描述，如果采用网络的方法，就可获得传统方法所无法提供的答案。[13] 与此相似，越来越多的人认识到，要是能对问题加以重构，使之成为若干小问题的网络联结体，那么困难的任务也可以用一种更有效的方式来执行。这一基本设想鼓舞人们去探索网络结构的更广泛应用。比如，从通信网络路径的算法设计到公路上的车流管理，都用到了这一思想。甚至军事战略家也受到启发，开始认真考虑一些打破常规的方案。这些军事理论包括"火蚂蚁作战系统"（fire ant warfare），即主张以网络化联结的小型、轻载的车辆和军需品来替代现今所使用的花费昂贵又易受攻击的整体式武器。从这些文献中得到的一般结论是，只要以"合适的方式"联结起那些即便是很简单的要素，那么这些要素作为个体所无法解决的复杂、困难的问题，就可以得到解决，因为在要素联结中产生了新的能力。网络整体具有比部分之和大得多的力量。确实，在几乎任何领域，从地缘政治学到医学，都有人竭力倡导"网络方法"或"蜂群智商"等观点。他们认为，将事物分解为数量众多的较小但相互联结的组成部分，就可以解决几乎所有的问题，并使系统整体取得令人难以置信的好效果。[14]

　　但是，什么才是联结要素的"合适的方式"？是否有某些网络结构比其他的更为有效？这些问题的答案藏于有关复杂系统如何运作的原理之中，我们要理解企业该如何有效地运营以确保生态系统的健康，就必须首先把握这一原理。关于复杂系统领域的研究文献指出，许多类型的网络都自然地拥有某种"关键力量"或"中心"，它们有助于保持整个网络的稳定及提高效率。许多网络结构，无论是朋友间的关系还是万维网上的联系，都表现出一个鲜明的特征，那就是它们都具有这样一种联结形态：网络中少数一些节点的联结数远远大过该系统中占绝大多数的其他节点的联结数。这也意味着在网络联结关系演化的进程中，或者在已有联结关系的逆转或新关系的建立需要花费"巨大代价"① 的时候，就经常会出现拥有"中心"的网络结构。[15] 更重要的一点是，网络中心的存在与系统的性质、系统成员的内部特点，以及系统成员间联结关系的特定性质没有关系。[16]

具有中心的网络，有一个重要的特征，那就是节点间的间隔——以从一个节点到其他任意一个节点需要跨越的网络节点数的平均值来衡量——比较小。实际上，网络中心的存在可以部分地解释"六度分隔理论"的现象。[17] 也许这一网络结构规律的最突出反映是万维网中的联系类型。[18] 这是一个具有大量各类参与者的系统，虽然最初并不存在"宏观标度"，但是它很快就演化为这样一种结构，即通过奇妙的几次"点击"，就可以搜索到相当多的网址。

中心型结构具有正面和负面两种结果。比如，互联网中心的存在，使人们只要通过大约 19 次的链接，就可以搜索到亿万个网页，但这种"蝴蝶结"的结构也使许多边缘网址成为鲜有人问津的孤独者。[19] 如果系统正处于成长或者变化，尤其是那种快速的、不连续的变化之中，那么可能发生中心角色的更替，即由新产生的中心来接替原中心的功能。也就是说，中心总是存在的，只是具体哪些节点成为中心并没有定论。通常在没有"宏观标度"结构的网络中，早期进入者要比后来者更有可能成为网络

---

① 比如，因为地理位置的限制，参与者必须临近才便于互动；或者要求专门化，如一个工厂需要做出适应性调整才便于与另一个工厂合作；或者是费时间，如在互联网上漫游。

的中心。另外，在中心突然消失的时候，由于网络中大量的联结关系出现中断，会导致整个系统崩溃或分裂。可见，中心型结构的网络相当脆弱，易遭到有预谋的、恶意的袭击。

　　尽管潜藏着遭受蓄意袭击的风险，但网络中心在促进网络健康方面仍具有重要的、不可忽视的作用。其表现就是，在出现随机性扰动的情况下，中心会给网络带来更强的生命力。在自然界的网络系统中，网络中心与系统的生命力密不可分。对于中心型网络来说，任何非中心节点的消失，都不会对网络的大部分造成太大的危害。[20] 这种强健的生命力，在有关"中心治理结构"的各类网络的理论与实验研究中都有明确的记载。[21] 与此相反，有一种明确的观点认为，"网络对各种干扰的忍耐力，关键取决于它的网络结构"，特别是在面对随机性扰动时，无中心的网络显得更加脆弱。[22] 因为在这种网络中，发生在某个节点的灾变会造成严重的后果，致使整个网络遭到损毁或彻底的失败。

## 角　色

　　中心对网络的整体绩效具有极其重要的影响。中心的存在增进了网络节点间相互联系的便利性，从而使保持网络生产率和实现增长所必需的协调与整合工作的复杂性降低。此外，中心还具有增进网络生命力的潜能，它使网络能更好地面对各种类型的环境震荡。然而，并不是所有的中心都扮演这种促进者的角色。在商业网络中，是组织中管理者实际做出的决策和他们的开发能力、确定的商业模式，才使这些组织的潜在促进作用变为现实。像安然公司、eBay 公司等作为商业网络中心的影响力，在很大程度上受制于这些组织对所要扮演角色的定义。

实际上，很少有网络是同质的。网络成员扮演的角色各不相同，地位也不平等。从生态学比拟中得到的重要启示是，即便同是网络中心，它们在促进（或阻碍）生态系统健康的角色追求上的不同，也会直接影响其自身的绩效与生存能力。这一点为我们将考察对象拓展到商业网络并进行具体的分析提供了有用而清晰的思路。下面我们将通过识别生态系统成员的特定角色及各角色对生态系统整体特性的影响，来探讨生态系统观在商业网络分析中的应用。具有特别意义的有三类角色：网络核心型、支配主宰型和利基型。各主体所扮演的角色不同，对网络健康的影响也就不同，从网络中获益的机会也不同。

## 网络核心型

有生物学文献指出，在食物链及其他类型的生态系统互动网络中，那些处于中心地位的物种，从总体上看，会在给整个生态系统提供助益中，改善自己在变化环境中求得生存的机会。这类文献提出了"核心物种"（keystone species）的概念，用它来特指那些能给生态系统及其成员带来益处的物种。[23] 生物界核心物种的消失，会给整个生态系统带来灾难性的影响，而其他物种的消失则不会有这样的影响。即便是涉及许多互动关系中的物种，它们的消失顶多也只是造成了这些联结的中断，除此之外，不会有更严重的后果。[24] 相比而言，核心物种的消失会导致生态系统健康度量指标值的衰减，如物种多样性的减少、生产率的降低甚或灭绝。[25]

生物生态系统的主要特征是，成员之间存在一系列的互动。此乃物种生存的基本条件。不过，由于大多数的互动关系是间接的，因此特定互动行为所产生的影响可能远远超过对互动双方的影响。在各条互动的路线中，核心物种通常是必经的环节。这样，核心物种对整个生态系统生存与健康的影响就扩展到其周边。[26] 核心物种的消失，会带来整个生态系统的崩溃。正是在这一意义上，这些物种起着核心的作用。生态系统与核心物种共存亡的事实，意味着生态系统中有一种强化自身的动力机制。由于生态系统与核心物种之间存在着高度的相互依赖，核心物种自然就可通过对生态系统施加种种影响，最终影响其自身的健康。概括而言，核心物种对生态系统大致会产生三种影响，即稳定性、多样性和生产率。

核心物种可以通过多种方式改进其生态系统的生产率。一种方式是，有些核心物种会直接除掉那些可能造成生态系统生产率降低的物种，或使那些比例不匹配的物种的数量发生变化。比如，海獭就是这样一种起核心作用的"捕杀者"。20世纪在太平洋西北部近海水域生态系统中，海獭数量的减少导致生存在海岸边的鱼类及其他多种生物的数量锐减。这一生态系统崩溃事件之所以发生，很明显就是因为海獭是其中唯一的非人类杀手，能够有效地控制海胆的数量，而后者又以无脊椎动物及包括海藻在内的植物为食，由此形成了保持近海水域生态系统良好的食物链。[27] 近年来海獭的增加，使受影响海域的海藻得以复原，由此带来了各种鱼类及无脊椎动物生存环境的改善，从而减缓了附近海岸的生态失衡问题。[28]

核心物种还可以通过为其他物种提供它们生存所依赖的根基，在根本上改进生态系统的生产率。在相当大程度上可以说，这也是海藻在上述受海獭影响的近海水域生态系统中所扮演的角色。海藻不仅为各种鱼类及无脊椎动物提供掩护和栖息地，同时还是各种以海底岩石为生活空间的生物体的食粮。海藻和海獭所起的作用虽然不很相同，但它们很明显地都是其所在生态系统的核心物种。海藻作为核心物种，部分原因是其存在本身就引人注目。海藻不仅数量丰裕，而且在提供营养物和庇护所方面的作用易于被人注意到。与海藻不同的是，海獭只是其所在生态系统各种生物体中的数量较少的一个物种，但它通过大量的捕食行为，对生态系统发挥了强大的影响力。[29]

生态系统的多样性通常有助于增强其稳定性。多样性确保生态系统有能力在基因和行为变异方面对环境变化做出反应。因此，核心物种常常表现出增强生态系统多样性的功能，这一点也就不足为奇了。此外，核心物种有选择的捕食行为，对生态系统的多样性也起着重要作用。前述的海獭不单在生产率方面，在多样性方面也对生态系统发挥了积极影响。其他的捕食者，包括郊狼、海星等，也具有同样的作用。[30] 另外，多样性的维持还常常要归功于一些看似被动的行为。美洲野牛就是通过平常的食草行为,防止了那些快速生长的植物肆意蔓延并覆盖掉它们所生活的整片草原,从而维持了生态系统的多样性。[31]

核心物种确保其持续生存的最直接方法自然是着眼于保持生态系统的稳定性。因此,我们除了保护核心物种对多样性的影响,还应期待它们直接作用于生态系统稳定性的行动。对核心物种能否实际上起到这样的作用,一个最具说服力的论据来自核心物种的"消除"实验,也即有意识或者无意识地使某一核心物种消失或减少。这类实验有许多实例。其中,一项公开报道的实验表明,当环境压力增大到超过了某一核心物种所能容忍的极限时,生态系统会发生"大规模的重组"。[32]

仔细观察这些核心物种所扮演的角色,会发现它们实际上提供了生态系统中其他许多物种赖以生存的平台。例如,草原犬鼠是山地鸻、王鹫、黑足鼬、敏狐及其他多种动物的基本食物来源。许多动物偏向于在草原犬鼠洞穴的周围觅食,就与此有关。还有大量的鸟类(如穴鸮、高原鹬、麦科恩铁爪雀鹀)及其他动物(包括大草原响尾蛇、大平原蟾蜍等)将草原犬鼠的洞穴作为栖息地。

当然,核心物种对生态系统的所有这些贡献,不仅互有重叠,而且常常会相互促进。如第 2 章中讨论的,无花果树对生态系统稳定性的作用,不仅是通过对多样性的贡献而间接实现的,而且通过提供一个稳定的生态系统平台直接产生这种作用。还有一点不太明显但更重要,就是在这些贡献之间可能存在某种冲突，比如在多样性与稳定性之间的冲突就很显著。无花果树的例子再次给予我们重要的启示。人们可能认为，无花果树附近生长的果树越具有多样性，生态系统就越具有稳定性。但是，多样性本身并不足以产生稳定性。除非这些果实也能提供该生态系统所依赖的所有"平台"收益，包括复杂的果实产出模式及特定的营养组合，否则，增加这种多样性只会对生态系统的稳定性产生实质性破坏，因为这一层次的多样性损毁了生态系统的根基及其可预见性，从而带来其他层次多样性的丧失。

核心及网络核心型行为并不仅见于生物生态系统中。核心，实际上是网络化联结中的一种一般性现象。这类网络中有些成员有能力采取某种方式影响网络中的其他成员。这样，我们就能在许多网络化联结的系统中看到，网络核心型角色的存在是一种普遍现象。我们相信，在商业生态系统中，网络核心型企业也发挥着至关重要的作用。

首先，在以频繁的或重大的环境变化为特征的商业领域中，企业采取网络核心型行为有重要影响。网络核心型企业所支持的多样性会形成对变化的一种缓冲，确保系统在可能导致其他非核心型企业消亡的环境变化面前，仍能保持总体结构的稳定性及期望的生产率和多样性。此外，网络核心型企业有能力统领其生态系统不受时间进程中成员重大变动的影响。生态系统中单个成员可能发生变化，但系统整体及其核心成员仍然可以保持下来。例如，在软件行业中有着广泛影响的一波接一波的转型浪潮（最初是 PC 的兴起，接着很明显地出现了图形用户界面及互联网的浪潮），使软件业生态系统面临着极大的动荡，尽管如此，其总体的结构、生产率和多样性并没有受到损害，而且其网络核心型企业包括微软公司、IBM 公司、太阳微系统公司等，也都保持了下来。

与生物界类似，网络核心型企业常常会对那些有可能支配整个系统的其他企业（即不只是取代其中核心者的角色，也可能取代其他许多非核心者）采取替代或者监控的方式。网络核心型企业会通过直接或间接地鼓励变化来改善它们的生存机会。其原因：一是网络核心型企业有能力统领其生态系统内所发生的成员变迁；二是多样性及应变能力使整个生态系统可以免遭变化的侵扰。IBM、微软、英特尔组成的生态系统与苹果公司的绩效对比，就说明了这一点。许多年来，苹果公司拒绝将它的操作系统授权给其他企业，而是由自己来生产高度一体化的产品（包括硬件、软件平台及许多应用软件）。它一家执行了众多潜在的其他"物种"可能具有的功能，其行为表现事实上就是那种支配主宰型的。但在有效发挥网络核心作用的微软公司、IBM 公司和英特尔公司的竞争面前，苹果公司失败了。与之对比，微软公司将其业务模式聚焦于软件平台，并且将这一平台及相关的工具广泛授权给其他企业使用，使创新能力分布于众多的包括独立软件供应商及其他技术开发者在内的商业伙伴中。微软公司这一模式给予用户充分的多样性选择，并提高生产的效率和创新的速度，这绝非苹果公司的模式可以比拟。

从根本上说，网络核心者所采取的行动是为了改善生态系统的总体健康状况。在这样做的同时，网络核心者自身的持久绩效也得到了保障。企业成为这样的网络核心者的办法是：利用自己在网络中所处的关键地位，与网络成员一道创造价值并分享收益。网络核心者一般只在其网络中占据很小的一部分（如图 4 - 1 所示）。我们将在第 5 章中详细探讨商业网络中核心型企业的一些案例，其中会应用生物生态系统中有关核心物种的概念来分析，在商业生态系统中奉行网络核心型战略的企业将如何扮演其主动而重要的角色。

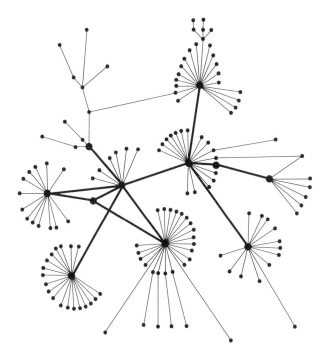

**图 4 - 1　商业网络核心的一个理想化框架**

说明：在这一商业网络示意图中，网络核心型企业（以粗线和大黑点表示）仅占据网络中所有节点的一小部分，其余的节点（以细线和小圆点表示）则由其他众多的企业占据。占据了核心节点位置的企业集体地或独自地发挥网络中心的作用，这些企业享有最丰富广泛的联结，因而成为网络的核心。

## 支配主宰型

理论研究表明，还存在一种与网络核心型角色不同的支配主宰型（dominator）角色。[33] 识别这一角色相对比较容易，可从以下两方面特征将之与网络核心型角色区别开来。其一，从实体规模或资源拥有量来看，网络核心者通常只在其生态系统中占据很小一部分，无论以何种指标衡量都是如此。支配主宰者则与此形成了鲜明的对比。其二，支配主宰者不鼓励多样性。与此相对应，它们不是接管其欲消除的物种的功能，就是干脆取消这些功能。受迅速蔓延的侵略型物种控制的生态系统，可以成为了解支配主宰者及其行为的最典型例子。斑马贻贝所造成的后果就是这种情形（第 2 章已对此作了讨论），而北美洲的许多湿地也难逃这样的命运，千屈菜侵略性地占据了这些湿地。[34] 这些湿地渐渐地变成了清一色的单一植物的天下，而原本在那里生长的许多植物和动物现在都消失了。事实上，这里只留下单一的支配主宰型物种。

当然，光凭覆盖面大这一表象还不足以认定某一物种就是支配主宰者，或者判定它不适合成为核心者。有些物种，如太平洋西北部近海水域生态系统中的海藻，作为核心物种的很大原因确实与它的大量存在有关。然而，这些核心物种还是留下了许多有发展前景的空间给其他的物种，否则，整个生态系统的健康将受到影响。[35] 我们希望在这里做出明确区分的是，核心者并不占据生态系统网络的大部分节点，而支配主宰者却与之相反。支配主宰型生态系统的命运与具有不良核心的生态系统的命运相类似，即它们都是不稳定的，而且在变化面前很脆弱。这种情况最常发生在生态系统面临外部的动荡或压力的时候，原因很简单，即支配主宰型生态系统没有足够的多样性，以便对变化做出反应。

像自然界一样，人造系统中的支配主宰者也有多种类型，它们会设法采取各种手段来施加控制。在商业网络中，两种类型的支配主宰者尤其值得注意。一种是传统的独占者（classic dominator），它在行动上表现为，通过纵向一体化或者横向一体化，直接控制或拥有网络的大部分节点。这样做的结果是，支配主宰型企业就成为直接而独自地负责其网络中绝大部分价值创造的主体，并独享利益，没有留下多少机会让其他企业参与到有意义的生态系统的创建中。另一种是价值独占者（value dominator），或称居于网络中心位置的坐收其利者（hub landlord）。它没有给网络提供多少价值，而是将网络中的价值自私地据为己有，使其周围的生态系统面临入不敷出和不稳定的威胁。本书第 6 章将详细探讨这两种类型的支配主宰型战略。我们将揭示这些行为潜在的负面影响，使大家认识到居于网络中心位置的有影响力的单个企业是如何可能危及商业生态系统的健康的。

如前所述，苹果公司是传统的支配主宰型企业的典型。在计算机及其他行业中还有许多类似企业，它们都试图主宰其商业生态系统，但都以失败告终——在 20 世纪 60 年代至 70 年代实行高度纵向一体化的、没有对外开放其供应链环节的几乎所有的计算机技术供应商（包括王安公司在内），现在都销声匿迹了。在录像机行业中，VHS制式之所以能战胜Beta制式而成为行业的标准，就是因为前者实施了开放战略，而后者则被索尼公司（Sony）牢牢控制。以上所举的这些例子都说明，第一种类型的支配主宰者在商界中经常存在。这种传统的支配主宰型企业试图通过独自生产集成化产品而直接控制绝大部分的供应链活动，这些本来是可以由许多企业合作完成，由此形成一个充满生机的生态系统。事实上，传统的支配主宰型企业占据了生产这类技术和产品的生态系统网络的相当多的节点，没有给其他企业留下多少空间。因此，支配主宰者与通常只占据网络很小一部分的网络核心者形成了鲜明的对比。

表4-1比较了四种类型的企业。我们将在后面章节中详细地探讨这些分类。不过，这里还是有必要先对它们作一总括性的对比，这有助于我们识别本章开头例子中所介绍的eBay公司和安然公司之间究竟存在什么主要区别。eBay公司在一个由大量各式各样的贸易者（包括个人或企业购买者和销售者等）所构成的生态系统中扮演着核心的角色。它提供一系列的工具并创设了一个平台，使eBay生态系统的成员能够依靠它求得生存和发展。借助这一平台，eBay公司为其生态系统创造了价值，并与其他成员一道分享这一价值。eBay公司遂成为对这一平台具有越来越强依赖性的贸易者网络中的一个必要枢纽。与eBay公司相似，安然公司也只占据其网络中的一小部分节点，并努力在各种市场中谋求其中枢性质的地位。但与eBay公司不同的是，安然公司

表 4-1 网络中企业运营战略的分类

| 战略类型 | 定义 | 存在的显著性 | 价值创造 | 价值占有 | 侧重点和挑战 |
|---|---|---|---|---|---|
| 网络核心型 | 积极改善生态系统的整体健康状况，使企业自身获得可持续的绩效 | 其存在一般并不引人注目，仅占据少量节点 | 将价值创造的绝大部分活动留在网络内部，将网络内部创造的价值广泛分享 | 在整个网络范围内广泛分享价值，使价值共享与在有选择领域中的价值占有保持平衡 | 侧重于创设平台，并促进网络中的共享。一个主要挑战是在网络中实现价值共享与价值占有地创造价值，有选择地持续地创造价值，确保其支配主宰的领域 |
| 支配主宰型 | 纵向或横向一体化，以占据和控制网络的大部分节点 | 其存在极其引人注目，占据绝大部分节点 | 自身负责大多数价值创造活动 | 自身占有大部分的价值 | 主要侧重于控制和占有；确定、占有和指导网络所进行的大多数活动 |
| 坐收其利型 | 从其网络中抽取尽可能多的价值，而不直接控制网络 | 存在很不显眼，只占据非常少量的节点 | 创造的价值微乎其微，依靠其成员创造价值 | 自身占有大部分的价值 | 本质上是一种行动与收益不匹配的战略。这类企业不控制网络，却将其作为自己唯一的价值来源。它们从网络中攫取了大多数价值，以至于其存在对网络构成巨大威胁 |
| 利基型 | 拥有使自己区别于其他网络成员的专业能力 | 单个的存在常常不显眼，但当被允许在网络中生存和发展时，其总体构成了生态系统的大部 | 在一个健康的生态系统中，它们联合起来创造了大部分价值 | 享有它们所创造的大部分价值 | 依赖其所在生态系统之核心企业提供的服务，专注于一些专业领域的活动。这些领域通常是它已经拥有或开发出独特能力的领域 |

根本没有做到与其网络成员分享价值，结果这些贸易者也就离它而去。安然公司奉行的是那种居于中心位置但充满侵略性行为的坐收其利型战略，最终毁掉了这一有望成长为一个生机勃勃的生态系统的网络。

在比较这些战略时，有一些不好把握的微妙之处。从网络核心型战略有效实施的角度看，它要求采用这类战略的企业能在价值创造与价值占有之间取得妥善的平衡：要是从网络中抽取了过多的价值，网络核心型企业就会蜕变为坐收其利者。还有一点值得说明，尽管就生态系统整体而言，网络核心者的存在及其行为具有积极、有利的作用，但是从生态系统成员自身利益的角度来看，网络核心者不会被所有成员都看作对它们直接有利。在生物生态系统中尤为如此。核心物种通过直接除掉那些可能造成生态系统生产率降低的物种，或使那些比例不匹配的物种的数量发生变化来改善生态系统的生产率。在商业生态系统中，网络核心型企业的这类行为也常发生。对此行为，颇有争议。我们的观点（在第 5 章中将详细陈述）是，这样的"进攻性""捕杀性"行为，使网络核心者在这些有选择的领域中变成了支配主宰者，但是此举在事实上还是有利于生态系统整体健康的。

## 利基型

在生态系统架构有关文献的讨论中，除了网络核心者和支配主宰者，还存在第三大类物种：利基型物种（niche species）。就个体来说，利基型物种并不对生态系统中的其他物种产生多大的影响，但其总体则构成了生态系统的大部。它们因为总体数量大、种类多，所以对生态系统具有广泛的影响力。如果说网络核心型物种确定了一个生态系统所要做的，那么在某种意义上，利基型物种就是做了所要做的。

在商业生态系统中，大多数企业都采用（或者应当采用）利基型战略。利基型企业着眼于开发或增强其专业能力，以使自己区别于网络中的其他成员。它虽在网络中仅占据一个狭小的领域，却可以利用网络所提供的资源。具体实例如芯片行业中的英伟达公司和博通公司，应用软件行业中的希柏系统软件公司（Siebel Systems）和欧特克公司（AutoDesk）等。这些企业将业务集中在其具有特长的相对狭窄的领域，利用网络中其他企业提供的强有力的平台谋求发展。例如，英伟达公司就是利用了其他公司提供的过程技术和制造能力，这使它可以专注于设计制图用的高性能集成电路。这样做使该公司获得了极大好处：它可以集中力量开发其明确界定的狭小领域中的关键能力。当然，英伟达公司（还有许多其他半导体设计公司）也因此将自己的命运与所在网络之核心企业的命运联结在了一起。

利基型企业对外部资源的有效利用有助于增进整个生态系统的健康。由于避免了资源的重复配置，利基型企业可以在生态系统内实施更有效的劳动分工。我们将在后面的章节中看到，尽管哪些资源要在内部配置，哪些资源可从外部获得和利用，对利基型企业来说是一个困难的抉择，但是在自然系统中，这一趋势很明显。在不断演化的自然系统中经常出现这样一种现象，即这一生态系统中的成员将某些功能交给了它们的伙伴来承担后，自己原来执行这些功能的器官及结构特征就逐渐丧失了，结果增进了相互间整合的紧密度，提高了合作效率。这一过程实际驱动了生态系统成员之间的整合走向更加复杂化，并具有更强的力度和更高的效率，从而使彼此间具有竞争性的生物系统都形成了各自独特的竞争优势。利基型战略的采用，对于网络核心型企业来说，也有重要启示，那就是需要鼓励利基型企业尽最大可能利用外部资源，避免在网络核心型企业已经提供了支持的功能领域中再重复地配置资源。

利基型企业的存在还可以起到另一个重要的作用，即通过自己所扮演的角色促使居于网络中心位置的那些企业采用有效的网络核心型战略。即便是在整个行业中只有一个生态系统，而且该生态系统中只有一个核心的情况下，核心企业也会有很强的动力去保护该系统并使之成长，但核心企业会被一种力量驱使着去从生态系统中榨取尽可能多的价值，为自己谋利益。在这样的系统中，我们将会看到，这些强有力的核心企业一步一步地将生态系统中的所有成员推向死亡的边缘。当然，对某些利基型企业来说，继续参与这一生态系统或许还是有意义的，但需要谨慎为之。在此种情形下，需要决定是否继续留在该生态系统中听凭他人的摆布。

在存在多个生态系统供利基型企业选择，或者在同一个或交叉的生态系统中有多个核心企业的情况下，利基型企业不仅可以通过选定所参与的生态系统及同时依赖若干网络核心型企业（在商业生态系统中选用这一战略要付出"跨平台"成本，这点将在第 7 章述及）来保护自己，而且可通过生态系统之间和平台之间的竞争增强自己与网络核心型企业之间的议价能力。因为网络核心型企业需要依赖利基型企业的参与，才能使其生态系统丰盈起来。这就使网络核心型企业必须在谈判桌上给利基型企业留下它们应得的利益。最后的结果是，有更多的价值在生态系统成员中分配。这样，利基型企业所得到的将比它们不采用这一战略时所得到的更多。我们在第 7 章中将对商业生态系统中的利基型企业及其采取的战略作更详细的叙述。

## 常见的谬误

关于行业中关键企业的角色，有三个常见的谬误。本书这里提出的观点将有助于澄清这些谬误。第一个谬误可以概述为"所有主体都是地位平等的"。人们常以为，由许多地位平等的小企业在各领域展开激烈竞争的行业，会形成更高的生产率和稳定性，具有更强的创新力，并称此为一种自然的现象。然而，现实中很少有证据能够证明自然界中存在这样的系统。几乎所有在要素相互作用中不断演化的系统，从生化路径到社会网络，都显示出系统的稳定性和功能与系统核心或中枢力量（或者某种集权或共同控制的机构）的治理有关。甚至是那些不带有控制色彩的"中性"的网络中心（如社会网络或互联网中常见的），它们的存在也有助于降低系统的复杂性。起着积极作用的核心（如食草的核心物种）在大大增强系统的稳定性和生产率的同时，有时还有利于增加系统的多样性。经济学家相对比较明智，他们清楚地认识到，在进入壁垒低、差异化程度低的行业中，创新和生产率改进的能力非常有限。一般而言，像龙虾捕捞、服装制造这样的行业，就是因为有太多的地位平等者参与竞争，结果造成了目前的困境。在倡导以"分布式"方法解决问题的观点中，也广泛流行着这一谬误。尽管相关的人士也意识到，"最艰难的任务"是设计出普遍适用（从而可从中央向各部分扩散）的规则来协调各部分的活动。[36]

第二个是关于"支配主宰"的谬误。在生态系统成员时常发生变动的情况下，网络核心型企业还继续存在下来，并对行业中绝大多数参与者的行为发挥直接或间接的影响，这一事实导致了一种错误的认识，即该网络核心型企业主宰了这一行业。然而，生物生态系统的核心物种常常都是些"小"物种。无论根据哪些主要指标来衡量，核心物种都不大，而且其生态系统的绝大多数小环境，都不是由它们占有的。核心物种的影响力并不是体现在规模上，而是体现在那些使它们成为生态系统总体健康基本决定力量的关系上。区分支配主宰者与核心者的一种方法是，将其影响的生物量占总体的比例作比较。与支配主宰者不同，核心者通常能对生态系统中许多物种施加影响。这一影响的比例比我们从它在其生态系统总生物量中所占比例来推测的数值要大得多。与此相似，商业生态系统中网络核心型企业的影响力，也经常超过它们在其商业网络中所占据的节点数。

第三个谬误是在所谓的"抑制作用"方面。因为核心企业处在构成一个行业的互动网络的路径上，所以人们常认为它们占据着"瓶颈"的位置，阻碍了该行业的创新以及信息和价值的自由流动。如果是这样的网络核心型企业，它们很快就会被淘汰掉。为了生存和繁荣，一个网络核心型企业需要提高生态系统的弹性和多样性，这就需要该行业中的所有企业同网络核心型企业一道，努力加快该行业创新的步伐。对信息、价值或智力资本流动等任何关键路径的阻碍，都只会损害网络核心型企业自身的利益。

## 角色不同，结果亦不同

截至 2003 年，围绕 eBay 市场平台形成的生态系统获得了持续的繁荣与发展。这是一个由 6 200 万用户构成的一个充满多样性和活力的网络。这些用户主动地通过该平台进行交易，交易的项目多达 1.95 亿项，共有 1.8 万类商品。在 2001—2003 年两年时间内（包括其间的衰退期），eBay 公司的营业额从 2.24 亿美元增加到 7.48 亿美元，净收益从 1 000 万美元上升到 9 100 万美元。在同一时期，现已破产的安然公司几乎关闭了所有的在线交易。因为停止了许多交易业务，整个电力行业正面临严重的资金流动性不足的问题。电力行业中众多的企业，现在要么处于生存的困境中，要么至少也面临着前景不确定的挑战。造成这一反差的原因相当复杂，超出了本书的范围，但是正如我们在后面两章中将要讨论的，本书所提出的生态系统视角将提供一个很好的出发点，使我们能够理解和分析这些企业（eBay 公司和安然公司）是如何因为在各自商业网络中扮演截然不同的角色而导致截然不同的结果的。

　　本章通过明确物种在生态系统中影响生态系统健康和进化时可发挥的三个作用——网络核心型、支配主宰型和利基型——奠定了本书的讨论基础。上述术语概念为分析商业网络中的企业行为提供了隐喻性框架。接下来的三章将详细介绍该框架，并重点讨论商业网络中上述三种不同角色之间的许多差异。为此，我们将它们定义为不同的运营战略，每种战略定义了一种截然不同的运营决策模式，由一些在网络环境中运营的企业采纳。在此过程中，我们将重点转移到更务实的讨论上，重点讨论它们对商业领袖和决策者的影响。

## 注释

　　[1] 参见 Michael Porter，*Competitive Advantage：Creating and Sustaining Superior Performance*（New York：Free Press，1985）and Pankaj Gemawat，*Commitment：The Dynamic of Strategy*（New York：Free Press，1991），以及其他许多文献。关于"运营战略"的经典观点，参见 R. H. Hayes and S. C. Wheelwright，*Restoring Our Competitive Edge：Competing Through Manufacturing*（New York：John Wiley & Sons，1984）

and R. H. Hayes, S. C. Wheelwright, and K. B. Clark, *Dynamic Manu-facturing: Creating the Learning Organization* (New York: Free Press, 1988)。

[2] D. Garvin, "Quality Problems, Policies, and Attitudes in the United States and Japan: An Exploratory Study," *Academy of Management Journal* 29 (1986): 653-673; and K. B. Clark and T. Fujimoto, *Product Develop-ment Performance: Strategy, Organization, and Management in the World Auto Industry* (Boston: Harvard Business School Press, 1991).

[3] A. D. Chandler Jr. , *Scale and Scope: The Dynamics of Indus-trial Capitalism* (Cambridge, MA: Belknap Press, 1990) and W. Lazonic, *Competitive Advantage on the Shop Floor* (Cambridge, MA: Harvard Uni-versity Press, 1990).

[4] D. J. Teece, "Towards an Economic Theory of the Multiproduct Firm," *Journal of Economic Behavior and Organization* 3 (1982): 39-63; R. Nelson and S. Winter, *An Evolutionary Theory of Economic Change* (Cambridge, MA: Belknap Press, 1982); C. K. Prahalad and G. Hamel, "The Core Competence of the Corporation," *Harvard Business Review*, May-June 1990, 79-91; D. Leonard-Barton, "Core Capabilities and Core Ri-gidities: A Paradox in Managing New Product Development," *Strategic Management Journal* 13 (1992): 111-125; and Jan Rivkin, "Imitation of Complex Strategies," *Management Science* 46 (2000): 824-844.

[5] M. Iansiti and K. B. Clark, "Integration and Dynamic Capability: Evidence from Product Development in Automobiles and Mainframe Comput-ers," *Industrial and Corporate Change* 3, no. 3 (1994): 557-605; M. L.

Tushman and C. O'Reilly, *Winning Through Innovation: A Practical Guide to Leading Organizational Change and Renewal* (Boston: Harvard Business School Press, 1997); and K. M. Eisenhardt and D. Sull, "Strategy as Simple Rules," *Harvard Business Review*, January-February 2001, 106-116.

［6］Clark and Fujimoto, *Product Development Performance*, and E. von Hippel, *The Sources of Innovation* (New York: Oxford University Press, 1988).

［7］有关供应链的文献，大多是基于运营研究领域。这一领域更多地关注诸如生产预测和产能优化等问题，而较少关注网络互动和网络结构的更一般的管理寓意。

［8］查尔斯·法恩（Charles Fine）的研究成果体现在他的著作 *Clock-speed: Winning Industry Control in the Age of Temporary Advantage* (New York: Perseus Books, 1998) 中。书中提供了一个值得注意的例外。还有，阿南斯·拉曼（Ananth Raman）、妮科尔·德贺雷修斯（Nicole De-Horatius）、蔡尼珀（Zeynep）等的研究，以由不对称激励机制或不良数据引致的问题为着眼点，对实际中的激励和信息都不完备的供应链网络提供了一个引人注目的阐述和分析。

［9］这一类文献中代表性的论著有 W J. Abernathy and J. M. Utterback, "Patterns of Industrial Innovation," *Technology Review* 50 (1978); M. L. Tushman and P Anderson, "Technological Discontinuities and Organizational Environments," *Administrative Science Quarterly* 31 (1986): 439-465; R. M. Henderson and K. B. Clark, "Architectural Innovation: The Reconfiguration of Existing Product Technologies and the Failure of Established Firms," *Administrative Sciences Quarterly* 35 (1990): 9-3; and Clay-ton M. Christensen, *The Innovator's Dilemma: When New Technologies Cause Great Firms to Fail* (Boston: Harvard Business School Press, 1997)。

[10] Baldwin and Clark, *Design Rules*; Carl Shapiro and Hal Varian, *Information Rules: A Strategic Guide to the Network Economy* (Boston: Harvard Business School Press, 1998); Annabelle Gawer and Michael Cusumano, *Platform Leadership: How Intel, Microsoft, and Cisco Drive Industry Innovation* (Boston: Harvard Business School Press, 2002).

[11] Shapiro and Varian, *Information Rules*.

[12] 自然界中的例子有食物链（参见 Richard J. Williams and Neo D. Martinez, "Simple Rules Yield Complex Food Webs," *Nature* 404 (2000): 180-183）和生态系统（参见 Gary A. Polis, "Ecology: Stability Is Woven by Complex Webs," *Nature* 395 (1998): 744-745）。人造世界中的例子，参见 Brian W Arthur, "Why Do Things Become More Complex?" *Scientific American*, May 1993, 144.

[13] 关于森林大火和其他诸多事例，参见 Richard Sole and Brian Goodwin, *Signs of Life: How Complexity Pervades Biology* (New York: Basic Books, 2002)。

[14] Dirk Helbing and Martin Treiber, "Jams, Waves, and Clusters," *Science* 282 (1998): 2001-2003; L. D. Henley, "The RMA After the Next," *Parameters* (Winter 1999-2000): 46-57; James Dao and Andrew C. Revkin, "A Revolution in Warfare," *New York Times*, 16 April 2002; Ann Grimes, "Looking Backward, Moving Forward," *Wall Street Journal*, 20 June 2002; Eric Bonabeau, Marco Dorigo, and Guy Thereaulaz, *Swarm In-*

*telligence*：*From Natural to Artificial Systems* (Cambridge，UK：Oxford U-
niversity Press，1999).

［15］B. A. Huberman，*The Laws of the Web*：*Patterns in the Ecolo-
gy of Information* (Cambridge，MA：MIT Press，2001)；S. A. Kauffman，
*The Origins of Order*：*Self-Organization and Selection in Evolution* (Cam-
bridge，UK：Oxford University Press，1993).

［16］Reka Albert and Albert-Laszlo Barabasi，"Emergence of Scaling in
Random Networks，" *Science* 286 (1999)：509-512；David Cohen，"All the
World's a Net，" *New Scientist* 174，no. 2338 (2002)：24-29；M. E. J.
Newman，"The Structure of Scientific Collaboration Networks，" *Proceedings
of the National Academy of Sciences* 98 (2001)：404-409；and Albert-Lasz-
lo Barabasi，*Linked*：*The New Science of Networks* (New York：Perseus，
2002)，64.

［17］"The Oracle of Bacon at Virginia，" University of Virginia，Depart-
ment of Computer Science Web page，＜http：//www. cs. virginia. edu/ora-
cle/＞(2002 年 5 月 5 日搜索).

［18］Huberman，*Laws of the Web*.

［19］关于网络的中心型结构，参见 Bernardo Huberman and Lada
A. Adamic，"Growth Dynamics of the World-Wide Web，" *Nature* 401
(1999)：131；关于网络的"蝴蝶结联结"的结构，参见 Andrei Broder et
al.，"Graph Structure in the Web，" IBM Almaden Research Center Web site，
May 2000，＜http：//www. almaden. ibm. com/cs/k53/www9. final＞(2004
年 3 月 1 日搜索).

［20］Reuven Cohen，Keren Erez，Daniel ben-Avraham，and Schlomo

Havlin，"Resilience of the Internet to Random Breakdowns，" *Physical Review Letters* 85，no. 21（2000）：4626-4628.

［21］Barabasi，*Linked*，and Duncan J. Watts，*Small Worlds：The Dynamics of Networks Between Order and Randomness*（Princeton：Princeton University Press，2002）.

［22］Y. Tu，"How Robust Is the Internet?" *Nature* 406（2000）：353-354.

［23］生态学文献对于"核心物种"（keystone）这一概念有很多相冲突的定义，对于概念的有用性也存在争论。比如，参见 L. S. Mills，M. E. Soule，and D. F. Doak，"The Keystone-Species Concept in Ecology and Conservation，" *BioScience* 4（1993）：219-224. 这一概念早先的应用范围相当窄（参见 R. T. Paine，"Food-Web Analysis Through Field Measurement of Per Capita Interaction Strength，" *Nature* 355，no. 6355（1992）：73-75），但目前的用法时常延伸到一些不加选择的领域。这里，我们仅从最中立且专业色彩最不明显的含义上使用这一概念。也就是，核心物种是指掌控着生态系统健康之重要命运，但其自身常常并不占据该生态系统的重要部分的一个物种。其他类比也可在社会网络理论中见到。

［24］确实，《濒危物种法案》中将核心物种与其生态系统之间的这种关系作为某一物种生态价值评价标准的一个要素。关于非核心物种的丧失，可以举信鸽和美国栗树作为生动的事例。参见 Richard B. Primack，*Essentials of Conservation Biology*（Sunderland，MA：Sinauer Associates，2000）.

［25］D. Tilman and J. A. Downing，"Biodiversity and Stability in Grasslands，" *Nature* 367（1994）：363-365.

［26］Paine，"Food-Web Analysis."

[27] J. A. Estes and J. F. Palmisano, "Sea Otters: Their Role in Strue turing Nearshore Communities," *Science* 185 (1974): 1058-1060.

[28] G. R. Van Blaricom and J. A. Estes, eds., *The Community Ecology of Sea Otters*, *Ecological Studies* 65 (New York: Springer-Verlag, 1988); J. A. Estes and D. O. Duggins, "Sea Otters and Kelp Forests in Alaska: Generality and Variation in a Community Ecological Paradigm," *Ecological Monographs* 65 (1995): 75-100.

[29] 虽然海獭是体型最小的海洋哺乳动物之一，但它们的身体没有厚厚的脂肪层，只能依靠高代谢率来维持体温，这就要求它们每天的食物摄入量最多需要达到其体重的 1/3。

[30] R. T. Paine, "Food-Web Analysis"; M. E. Power et al., "Challenges in the Quest for Keystones," *Bioscience* 46 (1996): 609-620.

[31] S. L. Collins et al., "Modulation of Diversity by Grazing and Mowing in Native Tallgrass Prairie," *Science* 280 (1998): 745-747. 事实上，仅仅是模拟性的食草（比如割草）也具有增强生态系统多样性的效果。

[32] J. H. Brown et al., "Complex Species Interactions and the Dynamics of Ecological Systems: Long-Term Experiments," *Science* 293 (2001): 643-650.

[33] J. A. Drake et al., eds. *Biological Invasions: A Global Perspective* (Chichester, UK: Wiley, 1989).

[34] Daniel Q. Thompson, Ronald L. Stuckey, and Edith B. Thompson, "Spread, Impact, and Control of Purple Loosestrife (*Lythrum salicaria*) in North American Wetlands," *U. S. Fish and Wildlife Service, Fish*

*and Wildlife Research* 2 (1987).

[35] Estes and Duggins, "Sea Otters and Kelp Forests."

[36] Noah Schactman, "A War of Robots, All Chattering on the Western Front," *New York Times*, 11 July 2002, E5.

# 第 5 章

# 网络核心型战略

比尔·盖茨（Bill Gates）17 岁时就与保罗·艾伦（Paul Allen）合作开发了用于新面市的 MITS Altair 微机的 BASIC 程序。在盖茨让该程序运行成功后（该程序占用的内存少于 4 000 字节，并且可用于在纸带上编程），他找到了当时所有的微机制造商，费尽周折说服它们把这一程序作为其生产的计算机的标准运行程序。很少有人记得在 20 世纪 80 年代之前，使用苹果一代（Apple I）或 TRS-80 型计算机时，自己所运行的其实就是微软公司提供的 BASIC 程序。盖茨因此向微机厂家推出了第一个真正的行业标准———一种编程工具。这一工具促进了微机编程人员网络化联结现象的产生。正是借助这一工具，他们编写了许多应用程序。

其实，微软公司在成立的早期就专注于创设一种强有力的软件开发平台，从当初的 BASIC 一直到后来的免费开源开发平台".NET"。盖茨认识到，做一个促进软件开发商编写出应用程序的平台，而不是做一家应用软件公司，这种定位将使微软公司发挥更大的影响、覆盖和控制作用。这一战略的成功令人瞩目。在几年时间里，盖茨的小公司竟成为撼动整个计算机行业的重要力量，影响着像 IBM 这样的根基深厚的大公司的命运。不久之后，以盖茨的公司为基础，一个欣欣向荣的企业网络被建立起来。通过这种方式，盖茨和微软公司实施了可以说是有史以来最为成功的网络核心型企业战略。

## 网络核心型战略

生物界中的核心物种，是通过影响整个系统的特定行为而维持生态系统健康的。微软公司、eBay 公司、沃尔玛公司和利丰公司这些企业（的运作）与这一方式有惊人的相似之处，都扮演了其商业生态系统调控者的角色。无论它们各自的网络开展什么样的业务，是编写计算机应用程序，进行二手车的贸易，销售洗发水，还是生产服装，这些组织作为网络核心型企业都起着类似的作用。在每一种情境下，网络核心型企业都占据着具有广泛联系的网络中心的位置，为创造更多的利基市场提供基础。它们调整生态系统成员之间的各种联系，致力于增进整个系统的多样性和生产率。网络核心型企业提供了一个稳定的、具有可预见性的、生态系统的其他成员可赖以生存的平台，网络核心型企业的消失将导致整个生态系统出现灾难性的崩溃。此外，它们通过直接改善整个生态系统的健康来确保自身的生存和健康。需要准确把握的一点是，这些企业之所以这样做，并不是出于利他的动因，而是因为这是一种有效的战略。

在以上每一个事例中，这些企业都成功地采用了我们这里所称的网络核心型战略（keystone strategy）。这是旨在改善生态系统的总体健康状况，并在这样做的过程中使本企业取得可持续的绩效的一种运营战略。这一战略的特征是，注重外部资源的管理，努力构建外部的网络结构，积极维持整个网络的健康并从中受益。

网络核心型企业是通过创造和利用遍布于网络中的重要资源和能力来实现目标的。它们以多种方式共享信息智力资本和有形资产，从工具到界面，从与顾客接触到生产制造能力等诸多方面来有效改善其生态系统的生产率和效率。它们并不是通过支配主宰所在行业的大部分价值创造活动来取得强势的成功地位，相反，它们认识到，作为商业网络的中心，占据这样的位置将使它们得以积极主动地管理各种影响效率和创新的客观可能性，由此产生一种巨大的潜能。

网络核心型战略关注的重点是，确保其生态系统实实在在地提高功效，并同生态系统中的其他成员一道高效地共享这些好处。网络核心型企业需要为所在的生态系统提供一种关键的服务，以促进整个生态系统的健康，提高其生产率、强健性和利基市场创造力。它们提高生产率的措施是，尽可能地简化将网络成员联结在一起的复杂任务，并且设法使第三方能更有效地进行新产品的创造。同时，它们还通过对新技术创新活动的持续投资和整合，以及为生态系统其他成员提供一个可靠的参照系和界面结构来提高整个网络的强健性。最后，它们还通过向各式各样的第三方组织提供新的技术，并在更新具有决定性影响的基础设施上大力投资，促进生态系统创造出更多的利基市场。

这些所涉行业极其不同的企业，最终都采取了类似的一致性的行动，即通过积极关注企业自身的行为对它们身处其中的整个网络的健康的影响，来达成以上结果。每个网络核心型企业都认识到，作为网络的中心，它们的位置至关重要，并因此采取了一种表明它们已明确地将其生态系统的共同命运考虑在内的运营战略。下面让我们来详细地考察微软公司是如何做到这点的。

## 微　软

微软公司是计算生态系统（computing ecosystem）中的一个关键的中心。计算生态系统是一个由成千上万的硬件制造商、软件开发商、咨询专家和 IT 部门组成的网络。毫无疑问，微软公司在这一生态系统中的影响和控制范围相当大。无论从何种角度的影响力指标来衡量，微软公司几乎都是这一计算生态系统中最重要的企业。微软公司的业务模式和广施福泽的做法，使其对企业的运作方式以及独立软件供应商开发软件的方式都产生了决定性的影响。事实上，微软公司的影响范围已经不能用微软公司授权使用的软件产品的数量或者微软公司所聘请的软件开发人员的数量来衡量。微软公司对计算行业的影响力，必须从对这个公司的外部考察中加以衡量。

　　测量微软公司对软件开发商重要程度的一种显而易见的方法，就是考察为 Windows 平台开发相兼容的软件的企业及开发人员的数量。CorpTech 公司是一家提供关于高科技企业的最完整数据库的企业。其数据显示，在 2000 年，大约有 84％的软件企业至少开发出一种使用微软平台的软件。[1] 埃文斯数据公司（Evans Data Corporation，EDC）公布的调查结果进一步证明，大多数（比例超过 70％）的软件开发人员和信息技术管理者使用微软平台来编写其绝大部分的应用程序。[2] 还有很多研究都报告了如下结果：尽管微软公司给公众的印象是，它是一家巨型的软件公司，但实际上，微软公司的影响力绝不是通过其规模庞大的实体，或者通过占据其所在网络中的重要节点形成的。[3]

　　相似的情况也存在于那些为微软产品和平台的拓展提供组件的商业伙伴以及旨在利用微软产品和平台的众多企业所构成的生态系统中。一个生态系统中包含着种类繁多、数量庞大的组织，其中，既有像英特尔公司和 AMD 公司这样的组件供应商，又有像戴尔公司和惠普公司这样的系统供应商，还有像欧特克公司和财捷公司这样的独立软件供应商，以及像美国运通公司（American Express）和美林公司（Merrill Lynch）这样的企业。把微软公司放到这样一个由多个独立企业相互依赖形成的网络中，我们会发现微软公司的规模很小（如图 5 - 1 所示）。微软公司现有的员工人数大约为 4 万人，大部分在华盛顿雷德曼德的园区里工作。尽管这一员工规模已不算小，但与目前使用微软平台编写程序而并不是微软公司员工的独立软件开发者队伍相比，有极大的反差：后者现有员工人数已经超过 500 万人。[4] 再看微软公司这些年的营业收入，也能发现同样的现象。微软公司 2000 年的营业收入是 200 亿美元，仅占软件领域总收益额的 11% 略多一点儿。如果将硬件和组件供应商也统计在内，那么微软公司所占的比例还不到 1%（要是把整个生态系统作为对比项，那么这一比例自然就更低了）。[5]

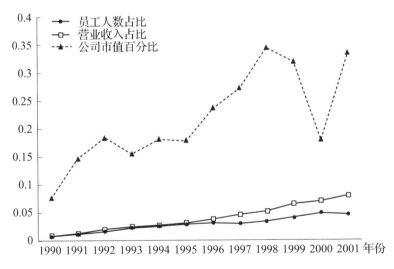

**图 5-1　微软公司的实体规模及其度量**

说明：尽管微软公司对计算生态系统（包括所有的软件企业）有着广泛的影响，但从实体规模来衡量（这里使用的是营业收入、员工人数和公司市值指标），它在整个生态系统中只占很小的比例。正如人们按照网络核心型企业的标准所预料的，微软公司在营业收入上的表现要比在员工人数指标上的表现高一些（但也高不了多少）。它的公司市值指标则高出了许多——这亦是人们所料及的，是其作为网络核心型企业发挥影响力的表现。

另一个有趣的分析点在微软公司的市值上。尽管规模很大，微软公司的市值也只占其生态系统中软件供应商领域总市值的一小部分。在过去的几年中，该比例大约为 20％～40％。在 20 世纪 60 年代，IBM 在那个由软件、组件、系统及服务供应商等组成的规模更为庞大的生态系统的公司市值总额中，所占的比例竟高达 80％以上。假如从该生态系统的总收益额来看，比例也非常之高。

将员工人数占比与营业收入或公司市值占比进行比较，会得出一些有趣的结论。以传统的规模指标（也即员工人数）来衡量，微软公司在行业中所占的比例要明显低于用价值指标（营业收入，或者更进一步的公司市值）来衡量的比例。这正是人们对有效地实施网络核心型战略的企业所期望的。在生物生态系统中，即使以多种指标来衡量，核心物种也只占其所在生态系统的很小一部分，但它们通常能发挥全系统范围的影响力。微软公司也是如此。与支配主宰型企业不同，微软公司并不"霸占"这一生态系统，因此，它在所处的行业总体中占有的比例相对很低，但它的影响和价值非常大——这一切都是奉行网络核心型战略的企业所具有的特征。

## 微软公司的网络核心型企业战略

尽管生态系统中有限的实体表现是判断网络核心型企业战略的一个标志，但最终的标准应该是看企业对生态系统健康的影响。生态系统的健康状况反映了一个企业是否作为网络核心发挥作用。接下来，我们按照第 3 章所定义的表征生态系统健康状况的三大基本指标来逐一分析微软公司对其生态系统健康的影响。这一分析将体现本书所提出的框架的价值：它提供了一个类似透镜的观察角度，有助于我们考察对生态系统有重要影响的企业的行为。

**生产率**。我们很自然地将分析的起点放在生产率的直接提高方面。因为微软公司的第一个产品就是一种帮助开发其他产品的工具：用于 MITS Altair 计算机的 BASIC 程序。这种产品以授权方式，迅速地为当时各主要的微机制造商所适用，对该行业产生了巨大的影响。

从一开始，提升软件开发商的生产率水平就成为微软公司的战略中心，由此带动了该公司各式各样的产品创新和产品特征的改进，比如，从 P 代码增量编程程序到可视化窗体（Visual Forms）的导入、编程组件的问世。微软公司还主动采取多种方式，促进软件开发商利用并重复使用其他开发商所创造的解决方案，为此推出了 Visual Basic Controls 和 ActiveX 等技术，将这些技术整合为开发商可用的工具。微软公司确实大大促进了行业细分市场的成长与繁荣，这一细分市场致力于这些软件开发组件的构建和交换。微软公司还一直致力于推出一些强有力的软件开发工具，使编码开发过程尽可能地便捷和自动化（如图 5 - 2 所示）。最近，微软公司将其努力范围作了扩展，允许人们免费下载这些工具中的子工具。[6] 开发工具的可自由获得与编码自动生成的结合，具有重要的意义，这一结合不仅直接提高了生产率，而且增加了可访问 Windows 平台的软件开发者的数量。

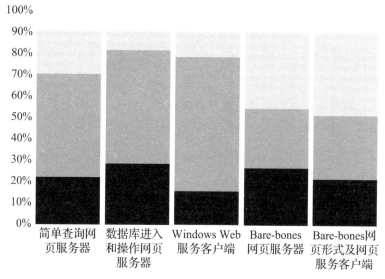

**图5-2 工具对软件开发生产率的影响**

说明：这幅图显示了由微软公司的 Visual Studio. NET 集成开发环境（integrated development environment，IDE）自动生成并维护的程序编码占实际总编码行数的比例。虽然这些都是一些小程序，但它们也能代表应用程序的基本核心功能。因此，在网络环境（包括 Windows UI、网络 UI、数据库进入和操作、网页服务器、网页服务客户端）支持下开发出的典型的简单应用程序，能够很好地表征 Visual Studio 在普通网络软件开发案中所起的支持作用。

鉴于编码行数是一种主观的测量指标，为简化起见，我们仅仅计算了非注释行的编码（包括属性）。在有些情形中，我们还略去了一些明显重复的编码行，因为这些不过是为支持 IDE 生成码的自动维护功能而编写的。这样处理的结果是，由 IDE 自动生成和维护的编码所占的比例实际上被低估。另外，我们并没有花时间去统计那些以 XML 形式自动生成和维护的编码（包括网络形式定义、数据库方案定义、网络服务 WSDL 协定）。同样，这一结果也使 IDE 所支持的自动编码功能被进一步低估。

    关于各大软件公司和信息技术部门使用微软工具提高各类应用程序生产率的有效性，坊间有很多趣闻轶事。[7] 单是从考核编程人员努力程度通常所使用的编码行数作为生产率指标的直接对比中，我们就发现，微软公司的可视化工作室网络（Visual Studio. Net）同其竞争对手的平台相比具有突出的优势。[8] 尽管人们对参与比较的平台数量可能存有争议，对这一数量的解释实际上也可讨论，但即便是微软公司最激烈的竞争对手也认为，无论在质量还是效果方面，微软公司都是做得不错的。

我们还可以通过营业收入指标来考察微软公司平台对作为第三方的软件开发商的影响。根据国际数据公司（IDC）提供的数据，2000 年，全世界软件包销售收入共计 640 亿美元，其中约有 38% 的收入来自为 32 字节 Windows 平台编写的软件。[9] 另外，在系统基础架构软件的收入总额中，约有 34% 来自为 Windows 平台编写的软件，这一比例还在上升。国际数据公司预测，到 2005 年，应用软件包和系统基础架构软件的份额将分别升至 54% 和 42%。[10] 事实上，这些生态系统利基市场显示出健康成长的良好势头。

微软公司最新开发出的工具，更是进一步提高了该生态系统的生产率。这批工具不仅使不同的编程语言之间具有了互换性，还提供了一系列有用的分类数据库，使现有的"网页形式""Windows 形式""移动控制"等各种编程模式得到了统一。网页服务器与客户端之间的界限日益模糊。这些特征加在一起使软件开发商更易于从开发仅适用于某个特定环境（如网页服务器、本地机或移动装置）的软件转向开发可以在多种应用环境中转换或同时适用于多种环境的软件。

**强健性**。因为保证了应用编程接口在历次的技术更新换代中保持不变，微软公司为软件行业带来了极大的稳定性。应用软件开发商在编程中希望各种应用编程接口能执行一些常规的功能，这样会大大降低编写软件程序工作的成本。对软件开发人员来说，操作系统具有一套连贯的应用编程接口是十分重要的，因为它确保了在一个版本的操作系统上运行的程序也能够在其他的版本上运行。软件开发人员也因此相信，他们编写的应用程序在操作系统推出新版本时不会被废弃。这样给软件开发人员（以及最终用户）带来类似的体验，并降低学习的成本。微软公司尽管在大力拓宽其应用编程接口，但一直在努力避免这一界面的突然或者任意更改。它通常只是对旧版的应用编程接口做些更新，使之能够执行新的功能，这样做是为了使原有的应用不会因平台演进而突然失灵。

事实上，微软公司提供了一个可靠的、连贯的并得到广泛使用的操作系统。这使独立软件供应商、原始设备制造商（OEM）、企业和个体消费者等都受益无穷。独立软件供应商从其连贯的、具有良好备份功能的应用编程接口、标准和工具以及所掌握的大批用户群资料中受益。原始设备制造商也能从中受益，是因为标准化的 Windows 界面减少了顾客的困扰，因此要求售后服务的数量大大减少。企业至少可以在两方面受益：一是当它们在为 Windows 平台开发出专有的软件应用功能时，可以从微软公司提供的具有良好备份功能和连贯性的工具与标准中受益，这点与独立软件供应商相似。二是由于 Windows 用户界面得到了广泛应用，并且基本上保持了不同软件特征之间的连贯性，这样使员工的培训费用降低。个体消费者受益是因为有了一个稳定、连贯的平台后，他们便可以在这一平台上运行很多应用程序。

除了 Windows，微软公司还在支持或开发其他 50 余种不同的标准上做出了贡献。这些标准包括蓝牙技术（Bluetooth）、UPnP 等。在有些情况下，微软公司自己开发专用技术，如 C♯ 编程语言，这项技术很快获得了标准设定机构的认证。微软公司也常常与其他企业合作开发一些标准。比如，名为"UDDI"的通用描述、发现与集成技术就是与艾瑞柏公司（Ariba）、IBM、英特尔公司和 SAP 公司合作的，名为"ACPI"的高级配置与电源接口技术是与英特尔公司和东芝公司（Toshiba）合作的。在另外一些情形下，微软公司的贡献表现在对现有标准（如 HT-ML）的支持上。微软公司把这些标准应用到自己的产品如 Windows 和 Office 办公软件中。

总的说来，微软公司的这些投入产生了很好的可预见性和体验的一贯性。我们把这些特性作为软件生态系统强健性的衡量标准。另外，该生态系统网络化结构的基本轮廓，与核心物种所主导的生态系统网络类似，也显示出应对随机出现的变化的内在稳定性。

**利基市场创造力**。正如前面谈到的，稳定性也指在外部冲击出现时提供一种缓冲的能力。事实上，一个执行有效的网络核心型战略的企业，应该寻求多种方式，利用这样的冲击力量，通过创造新的利基市场进一步增强生态系统的多样性。在这一点上，微软在互联网方面的战略给我们提供了一个有趣的例子。微软巧妙地把网络化这种本来会产生破坏性影响的新技术，转变成了可为整个生态系统造福的机会。对现有的很多软件架构而言，互联网代表了一个巨大的威胁，许多依赖计算机软件运作的企业，也面临着重大的挑战。微软通过一种中性的语言，以及为避免暴露商务机密而通过 HTTP 和 SOAP 等标准设置必要的防火墙，并利用 XML 促进数据的交换，使现有的企业及其产品可以顺利加入互联网中，而不至于受到网络化趋势的威胁。与此同时，微软还竭力使一些新的参与者加入该生态系统中。比如，它促进了COBOL 或 Python 的编程人员在不改变他们惯有的业务逻辑的情况下，能更便利地加入软件生态网络中。

同很多别的软件企业形成鲜明对比的是，微软自创办之初就把为越来越庞大的独立软件供应商群体提供编程工具作为企业的战略。这些授权使用的编程工具包括编程器集成编程环境（IPE）、编程组件以及最近推出的网页服务器。当前，有超过两万个软件公司和信息技术部门在使用微软的工具。它们运用这些工具开发出了多得难以想象的软件应用项目，从无线平台到渠道管理系统，都可见到微软工具的应用。累计起来，为 Windows操作系统编写的程序共有七万多个，该数字远远超过了为其他操作系统编写的应用程序数。[11]

为 Windows 操作系统编写的程序如此之多，至少有部分原因是与微软的商业模式有关。微软高度重视对软件开发商的支持，强调以微软平台造福他人。它将很多资源投入鼓励软件开发商为微软平台编写应用程序，鼓励它们利用微软操作平台的新特性。名为"MSDN"的微软开发者网络，对微软建立与软件开发人员的合作关系至为关键。通过这一网络，微软同软件开发者群体保持了密切的沟通，并为他们提供了技术方面的相关信息与支持。这一网络目前在世界各地大约有 500 万名使用者。[12] 微软至少雇用了 2 000 名全职人员从事对软件开发者的支持服务工作，每年在这方面的投资超过 6 亿美元。[13] 与软件行业的很多企业相比，微软将目标放在为其平台创造出类别极其多样的应用。这一目的直接通过培育软件开发者群体得到了实现。根据国际数据公司的调查报告，"微软被认为是软件开发市场中的领先企业，有些供应商甚至称微软是这一行业中的标杆。"[14]《纽约时报》最近有评论说："微软这些年来的成功，在很大程度上可以归因于它对不同层次和潜能的软件开发者的理解和支持。"[15]

在计算生态系统中鼓励利基市场创造力的一个重要部分是通过扩大计算机可以做的事情的范围、增加完成这些事情的方式的多样性，以及增加它们可以出现的场景来提高其功能性。微软的".NET"架构旨在直接增加多样性的这一方面：语言独立性与可以在各种设备上使用的统一功能框架的潜力的结合，意味着一个大大扩展后的开发人员社群如今可以接触到大量的潜在用户。

# 网络核心型战略的关键要素

笼统地讲，一个有效的网络核心型企业战略有两个基本构成要素：第一，为其生态系统创造价值。除非网络核心型企业能找到有效地创造价值的途径，否则难以吸引参与者加入该生态系统中或留住这些成员。如果一个生态系统中的其他成员在该系统中陷入了困境但不能摆脱出来（我们将在第 7 章中讨论这一点），这一生态系统就将萎缩。第二，在创造价值的基础上，网络核心型企业将与生态系统中的其他成员共享价值。仅仅创造价值是不够的。由企业构成的整个生态系统网络要维持，就必须使所创造的价值为生态系统中的其他参与者所分享。一个企业只创造价值但不能使这一价值在整个生态系统中有效地传递与共享，那么这个企业可能暂时大发其财，但最终会遭到遗弃。探索网络核心型企业战略之精髓的一个方法是，以这两个要素为维度进行分析。

## 价值创造

实施网络核心型战略的企业，可通过创造我们这里所称的运营杠杆，使大规模网络中开展的价值创造活动得以系统化组织。这指的是一系列便于为网络中众多商业伙伴所共同利用与分享的资产。这些资产可以是实物方面的，如一个大型的高效率的生产制造网络；也可以是智力方面的，如一个广泛适用的软件平台；

或者是金融方面的，比如风险投资者的投资组合。创造这一优势的关键在于：要确保这些资产的价值，在扣除其创造、维护和共享的成本后，其余额会随着该生态系统中共同分享这些资产的成员数目的增多而迅速增加。[16] 只有这样，才能确保网络核心型企业能够创造出比它自身所需更多的价值，从而有效地促进网络核心型企业与其生态系统成员分享剩余的潜能。

在运营资产共用优势的计算中，我们有必要扣减实际发生的用于管理网络中枢及促进运营资产共享的全部成本，这是十分重要的。在网络经济兴盛时期，很多业务模式都以失败告终，原因是，尽管从理论上说，随着网上交易客户数量的增多，收益会增加（有些经济学家将此称为"网络效应"），但是实际上，运营的成本也在增加。例如，有很多的企业对企业（B2B）交易，在收益持续增加的同时，边际利润却在不断地下降（甚至变成很大的负值），最终导致这一业务模式的崩塌。

运营资产共用优势可以通过实物资产、智力资本或金融资产的开发获得。创造这种优势的实物资产主要有大规模、通用的制造设施或零售网点（比如像沃尔玛这样的大型零售连锁商），直销网络（如戴尔），以及网络整合中心（如利丰）。属于智力资本的有统一的标准（如 Linux）、高科技水平的工具（如可视化工作室）、共享的互联网组件（如 .NET 或 Java Beans），以及信息中枢（如雅虎、eBay）。属于金融资产的有对新创企业的证券投资（如标杆公司（Benchmark）对 eBay 的 670 万美元投资），收购能力互补的企业（如微软花 13 亿美元并购 Navision 公司）。我们将用一些具体的例子来说明，企业如何通过独特的方式利用以上各类资产，以实施有效的网络核心型企业战略。

**创造高价值的可共享的资产**。当今最大的半导体元器件制造企业之一台积电公司的业务模式就建立在这样的前提设定下：与纵向一体化的制造商，尤其是生产批量较小的制造商相比，公司必须能够以更有效的方式生产出品种广泛的集成电路板。随着合作伙伴的增多，这一流程的效率大大提高，从而形成了一条凹型的价值曲线，最终达到最大的生产能力。这自然也就使产能规划工作变得极其重要，同时还使公司的战略与其他智力资本，如元器件资料库及设计工具等联系了起来。

**利用与顾客的直接联系**。戴尔网络核心型战略的实施始于其利用与广大顾客群的直接联结的能力。这种联结有效地创造了一个不仅对戴尔本身，而且对其供应商群体都具有巨大价值的顾客联系中心。预测能力的提高带来的生产率和强健性的改善，使整个运营网络都分享了收益。

**创造并管理实物和信息方面的中枢**。由于其位置的独特，网络中心有着广泛的对外联系，从而成为一种可共享的资源。利丰公司战略成功的根本之所在，就是它利用了庞大的商业联结网络。这里不仅包括实物资产（如基于 EDI 和 XML 的集成化链接），而且涉及智力资本（如长达几十年的业务关系）。

**支持信息标准的统一**。企业可以通过促成统一信息标准的订立而获得在全网络范围内共用信息资源的优势。这样，网络成员企业就可以方便地获取存储于网络核心型企业或生态系统中任何其他成员的信息，包括 APIs、订单信息、采购历史记录及人口统计特征信息等。要是这些信息目前没有能以统一的标准存储，那么推动统一标准的创建就责无旁贷地落在了网络核心型企业身上。

**创造、打包并共享高科技水平的工具，创造创新模块**。这些可共享的元素将使网络成员企业的生产率得以提高，同时还能促进创新成果快速传播至整个网络，并鼓励潜在的成员企业加入该网络核心型企业创建的生态系统中。例如，eBay 公司向其生态系统提供有价值的工具和模块。eBay 以"销售助理"（seller's assistant）软件来帮助新加入的销售者，使它们在运用 HTML 模板来制作看上去很专业的商品目录、剪贴图集等方面能节省时间，并提供其他各种在线格式化服务。eBay 还为上千种品目的家用电脑的列表、搜寻及管理提供免费的"Turbo Lister"服务。

**建立并执行绩效标准**。网络核心型企业可通过顾客评价和合作者激励措施来强化绩效标准的推行。eBay 的网上卖家与买家，在任何一次交易中，都可以使用三个标准来评价对方的行为，即公开、诚信、践行。这些项目的评分简单地分为三个等级：1 代表好，0 代表中，−1 代表不好。如果一个卖家在三个月评估期中得到 100 份反馈结果，其中 98％的评价是好的，那么它可荣获 eBay 颁发的"PowerSeller"级别。但如果累计得分为−4，eBay 将取消其会员资格，并将其名字从未来交易名单中删除。

嘉信理财是另一个例子。该公司的在线系统使顾客可直接向 6 000 多名独立的财务顾问咨询，这一系统还可以为这些财务顾问提供交易服务。嘉信理财密切监控这一财务顾问网络的表现，当某个顾问的行为出现问题或诚信发生动摇时，公司将行使必要的干预权。

**创造或从外部获得作为运营杠杆的财务资产**。风险投资是运用财务资产形成运营资产共用优势的典型例子。标杆公司对eBay 最初注入的 670 万美元投资，现在市值已超过 44.8 亿美元。这笔投资可能是有史以来最赚钱的一项风险投资。就公司风险资本来说，财务资产还可以与网络核心型战略实施的其他相关因素有机结合而创造出可共享的运营资产共用优势，由此改善生态系统的健康状况，促进生态系统的良性发展。有一系列的公司，包括 IBM 和戴尔，都富有成效地利用了这一方法。

**在信息的集中处理与沟通协调中降低不确定性**。网络核心型企业可以通过对有关变化的主要趋势和机会等信息的集中处理，以及对信息沟通过程的简化等措施，对其生态系统产生重大的影响。例如，IBM 是其所在行业中为数不多的一家能通过缩小信息方面的差距，为其生态系统中的利基型企业提供关键的情境信息，未雨绸缪地管理环境的不确定性的企业。该公司能够（也确实这样做了）将其关于架构远景和发展决策的信息传达到有关各方，使其生态系统中的大量企业降低了技术和市场方面的不确定性。这些沟通包括：广泛发行文件，对标准和框架做出解释；召开许多不对外公开的会议，促进与风险投资机构高层人士开诚布公的对话；共享信息技术战略和路线图；参与标准设立机构的活动；等等。仅仅通过共享信息和降低利基型企业所面临的不确定性这项措施，IBM 就创造了巨大的价值。近些年来，IBM 更是通过使用 Linux 操作系统，充分地利用了这方面的能力。

**通过强有力的平台降低复杂性**。微软的平台极大地降低了其生态系统成员所面临的复杂性。其精心设计的应用编程接口，使应用软件开发商以结构化的方式获得隐藏于后台的编程技术，从而为其生态系统有效地提供了一个集中化的、可预见的，最重要的是简化了的技术基础。这样的应用编程接口，实际上告诉了利基型企业如何及在何处可以为其生态系统做出贡献。苹果公司在推出 Macintosh（简称 Mac）计算机的初期，借助它的"电话簿"（phonebook）应用编程接口指南，也对其生态系统做出了一个与微软公司相似的、近乎革命性的贡献。这一指南，不仅提供了一个精心策划的应用编程接口，而且包含了有关如何使用该指南及可望从中得到什么的一些最明确、有效的信息。由于对参与者所应当采取的形式做出了清晰的说明，更多的软件开发商参与到其生态系统中，使得 Macintosh 计算机的开发商群体取得了快速且令人兴奋的成长。这一点至少可以与产品的简洁设计与方便使用特性一道，成为 Macintosh 计算机初期取得惊人成功的一个很重要的因素。

## 价值共享

如果一个网络中心不能将其创造的价值在生态系统中进行分享，这一生态系统的健康将受到威胁。生态系统中的参与者将开始出现衰退，并因此设法转向其他的中心。要是网络中没有别的中心存在，或者没有中心愿意分享价值，那么整个生态系统将面临崩溃。一个不健康的生态系统会突然而剧烈地衰败，网络行业和电信行业的崩溃就是最触目惊心的例子。

　　共享价值是使一个网络核心型企业区别于支配主宰型企业的重要标志。如果一个网络的中心能与其伙伴共享价值，这一商业生态系统将具有更强劲的生命力。以 eBay 为例，eBay 的举措强化了绩效标准和对成员行为的激励，这两者都为其生态系统创造了更多的利益。这类举措使控制得以分散化，并减少了对中央监控与反馈系统的需要。尽管 eBay 也许会收取每笔交易额的 5％～10％作为手续费，但此比例仍远低于大部分零售商通常收取的 30％～70％的比例。例如，Ambient Devices 公司如果交由中国厂家制造 Orb 无线元件，每个大约需要花费 35 美元。博克斯通公司（Brookstone）销售该元件的价格为每个 149 美元，它支付给提供元件的 Ambient Devices 公司每个 55 美元，仅够偿付产品设计、模具制造、境外生产及运营管理的成本。然而，当 Ambient Devices 公司将该元件放到 eBay 公司交易网上销售后，虽然每件仅售 100 美元多一点儿，但在扣除了 10％的 eBay 收费和其他各种交易费用后，该公司可以获得 30％～40％的利润。需要强调的是，eBay 这样做也是有好处的，这是一种高明的经营手法。通过与其他成员分享价值，eBay 得以不断地扩展其健康状态良好的商业生态系统，并取得了可持续的繁荣。

　　有成效的网络核心型企业，常常能将价值创造与价值共享结合起来。前面提到的软件的例子就是这方面的范例。精心策划的平台架构，尤其是应用编程接口，不仅体现了像微软、苹果这样的中心企业所具有的价值创造能力，而且通过打包、分配及提供便捷的入口，使其他成员企业分享了价值。这种联结，即让成员可以容易地共享所创造的价值的能力，是网络核心型企业的一个重要的能力特征。能够找到这样的共享价值的特有方式——特别是通过软件、知识产权或信息使用方面的授权——的企业，在执行其网络核心型战略的过程中也就握有了一把利器。这点尤其重要，因为它使网络核心型企业得以通过相对简单的许可协议（即便授权的对象是相当复杂的产品或基础技术），在与他人分享价值和为自己谋取利益之间找到一个恰当的平衡点。

共享价值绝不仅仅是决定与他人分享价值就行了。光有理念还不够，它还是运营过程中的一项重大的挑战。我们这里所谈论的是，企业要有能力同很可能是一个巨大网络的商业伙伴们进行价值的分享。同每一个商业伙伴分享价值的成本必须相当低，并且必须随着网络规模的扩大而明显降低。换句话说，对运营资产共用优势大小的评估，应该同时包括创造这些资产和分享这些资产的成本。这也就是为什么具有清晰、简单、易用界面的特定类型的资产（比如应用编程接口或者工具）比起那些更为传统的资产（比如客户关系），对于实施网络核心型战略的公司来说是更加有效的基础。

让我们再来看一下沃尔玛的例子。我们将详细地考察企业在实施网络核心型战略中是如何落实价值创造与价值共享这两大要素的。

# 沃尔玛

　　创建一个可靠的平台，使生态系统成员运营环境的复杂程度得以降低，这是网络核心型企业所扮演的最重要角色之一。在这方面做得最成功的或许当推零售业巨头沃尔玛，它位列《财富》世界 500 强榜首，也是世界上最大的零售商。沃尔玛的生态系统是一个巨大的供应链网络，包括制造商及消费者。从这一角度来考察，沃尔玛的角色与媒体报道中经常描述的充满攻击性的商业做法有很大的不同。尽管这些做法确实对沃尔玛的成功有所助益，但是沃尔玛成功的根本在于它采取了一种与网络成员共同创造与分享价值的战略。

## 价值创造

　　过去几十年间，沃尔玛建立起了一个集中化的供应链基础架构，并借此显著地提高了其零售生态系统的效率，从而使消费者享受到了低价的商品。在构建这一生态系统的过程中，沃尔玛通过规模化销售渠道的创新创造出了新价值，使大大小小的供货商能够将其产品销往世界各地。

　　这一巨大而富有生命力的零售生态系统的创建，在很大程度上得益于沃尔玛坚持不懈地推行了一系列的业务流程与技术，由此改善了零售供应链的效率，简化了信息流以及沃尔玛与数以千

计的供应商之间的互动关系。这些成功的举措使沃尔玛能持续地
改进从厂家到购物车的整条供应链的运作效率。这些使沃尔玛创
建起一个包括各种合作伙伴和供应商在内的具有强劲发展势头的
生态系统，并改变了供应链运作过程中的竞争关系。（对沃尔玛
与其竞争对手之间成本差异的分析，如图 5 - 3 所示。）

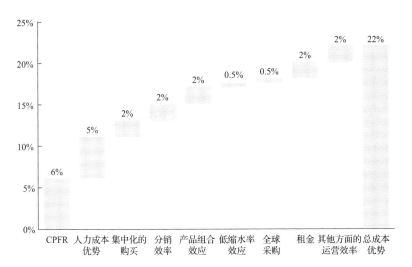

**图 5 - 3　沃尔玛的成本优势**

说明：以上数据取自杂货销售部分。对与同行业平均水平比较后的 22% 总成本优势，按成本项目进行了分解。其中，"CPFR"的含义是"联合计划、预测与补货"。

资料来源：作者的估算。

沃尔玛构建的这一生态系统能获取详细的消费者信息，并对
之进行实时分析，整条供应链都能共享这些信息（如图 5 - 4
所示）。

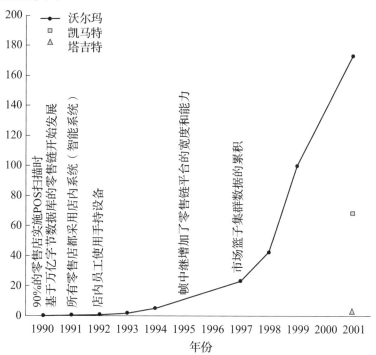

**图 5-4　沃尔玛零售信息系统的扩张**

说明：从 1974 年安装了数据终端后，沃尔玛又在 1983 年启用了销售点（POS）扫描机，1986 年开始使用卫星通信系统。这样，沃尔玛开始逐年积累零售数据，最终建成了一个拥有 175 万亿字节（每万亿字节大致等于 2 亿页的文本）的巨大的数据库。这一数据库的规模仅次于美国政府的数据库。它使与沃尔玛竞争的那些对手相形见绌，如凯马特的数据库只有 70 万亿字节，塔吉特的数据库为 3 万亿字节。

资料来源：公司数据及 MVI 研究报告。

　　2001 年 9 月 11 日，美国遭恐怖分子袭击后的那些日子，是对沃尔玛信息管理能力的一个最好的写照：

　　　　来自沃尔玛连锁店每一部扫描机的销售情况，立刻被输送到公司设在阿肯色州本顿维尔总部的一个巨型计算机系统中，制成表格，并依次进行分类与分析。这一独特的系统被称为零售链。这是一个技术上非常先进的系统，其数据库容量仅次于美国政府的数据库。从这里，我们可以看出在那充满变数的一周内美国消费者的心态……这一周的销售情况极不均衡。沃尔玛称，恐怖袭击的当天，即周二，全国销售量与前一年同一天相比下降了 10％。在位于恐怖分子袭击地附近的纽约和弗吉尼亚州北部的沃尔玛店，销售量当天骤然下降了 30％~40％。……但是到了当天晚上，人们开始像洪水般涌进店中，抢购基本食物和应急物品。罐装汽油销售量上涨了 895％，枪支和弹药的销售量分别上涨了 70％和 140％，电视机和天线的销售量分别上涨了 70％和 400％。……沃尔玛称，到了周五，顾客光临的总人次回落到了正常的范围，销售波动也回落到上下 5％ 的区间。但是，平均的购货量有所下降。[17]

在这一信息管理平台之上，沃尔玛建立起一个非常高效的管理库存和供应商关系的系统，这明显有益于沃尔玛生态系统的所有成员。沃尔玛努力对数千家供应商累计达 10 万多个库存单位（SKU）的货品进行卓有成效的管理。为此，沃尔玛实行了一个正式的供应商调试方案，用以管理备售商品的存货准备及运输、物流等事宜。20 世纪 90 年代，当沃尔玛在连锁店中引入这些约束供应商的规则时，供应商们很是担心此举会影响它们的业务。

沃尔玛突然在货品如何贴标签、如何封装方面，在所有能使其更好地接收、处理和卖掉商品从而保持最少存货方面做出了规定。这一战略实施中的一个最关键要素，是促使供应商将陈列于货架上的商品都事先包装好。这使运货的成本提高了许多，但这些商品进入商店后的后续处理工作，无论在人力还是所需的时间方面都减少了许多。[18]

## 价值共享

沃尔玛零售系统之所以能成功运作，是因为它创造的价值在广大的供应商中得到了分享。我们可以将沃尔玛的零售资产看作一个巨大的能不断产生供应链信息的平台。这一信息经处理和打包后，通过各种界面，最终为沃尔玛的商业伙伴们所共享。沃尔玛的这一界面，在相当高的水平上，执行了类似于微软 Windows 操作系统下的应用编程接口的功能。它降低了沃尔玛供应链合作伙伴所面对的不确定性和复杂性，并为创新提供了新的契机。

沃尔玛在这些领域的努力可追溯到几十年前，但获得突破性的进展是在 1987 年。当时，为了提高供应链效率，沃尔玛同宝洁公司建立了合作关系。合作主要集中在将沃尔玛正在构建的信息系统同宝洁的预测系统，通过电子数据交换链接起来。此举产生了巨大的影响，不仅减少了库存，而且提高了计划的精确度和对储存商品类型的判断。这一合作影响了两家公司之间的关系："它使敌对性质的价格谈判转变为一个真正双赢的局面。"[19]　今天，宝洁同沃尔玛每年 60 亿美元的交易对双方都意义非凡。宝洁在沃尔玛总部所在地设立了一个 150 人的办公室。[20] 像宝洁这样的供应商，已被全权获准进入沃尔玛零售系统中收集有关自己产品在沃尔玛各家连锁店中销售情况的实时数据。沃尔玛通过共享其他零售商通常作为秘密严加保守的零售信息，使供应商可以提前安排好生产进度计划，由此获得了更低的价格。

沃尔玛同其供应商业务流程的整合之所以可能，一是技术应用的推动，二是受到了企业理念的影响。这一理念使沃尔玛能够与供应商共享库存信息、物流信息甚至详尽的财务信息。正如沃尔玛的首席信息官兰迪·莫特（Randy Mott）所言：

> 我们同供应商共享一切它们为了权衡与沃尔玛合作的得失而需要了解的信息……我们共享减价、退货、索赔、销售量、发货以及存货情况的信息。事实上，我们公布这些信息的目的，是让供应商明白它们的利润所在。我们给供应商提供了一个在其商品名录范围内它们自身做得如何的对比性信息，这为它们提供了一个标杆。当它们坐下来同买方谈判时，它们对是否存在库存增大或减价的威胁或者退货的可能，也就无须那么关注了……双方都掌握同样的信息，因此，讨论将围绕行动展开。我们认为，这是一种极其有益的关系。[21]

与沃尔玛竞争的零售商承认自己的系统和流程并不是这样细致，或者这样先进。用欧迪办公（Office Depot）首席信息官比尔·塞尔策（Bill Seltzer）的话说："我们并不像沃尔玛那样共享那么多的信息……依我看，沃尔玛实际上已经为我们树立了榜样。"[22]

　　沃尔玛同其合作伙伴和供应商的互动关系及由此产生的网络核心型企业影响力，在零售业中产生了一种连锁反应，迫使其竞争对手通过信息系统和供应链管理流程的改进来改善自己的生产率。这样沃尔玛也就继续推动着零售生态系统不断提高生产率，甚至向全球范围更多的顾客提供"天天低价"。沃尔玛将"天天低价"作为公司的最终目标。更为重要的是，这些努力产生的连锁反应已经远远超出沃尔玛自己的生态系统，进入了广阔的经济领域中。正如布拉德福德·约翰逊（Bradford C. Johnson）所说的："大众商品零售中有一半以上的生产率的提高可以由三个字来解释，那就是'沃尔玛'！"[23]

## 对核心的理解

　　事实上，核心的思想，在现有的管理理论中是不存在的。不但现有运营管理的理论不能对网络核心型战略做出有力的解释，而且基于网络经济学的许多著作也缺乏对如下思想的说明：除了利用转移成本实现利润最大化目标，企业还可以做更多的事情。在大多数现有的政策和法律体系中，核心的概念也被忽略了。这些政策和法律明显地对奉行网络核心型战略的企业采取敌视态度。正如微软公司面临的反垄断诉讼所显示的，现有的政策和法律体系必须加以拓展，以便能够解读网络产业中复杂的动力机制。尽管我们在本书中并不直接讨论这些问题，但要记住的是，本书后面部分将讨论的许多战略面临被误解甚至招致怨恨的危险。因此，我们有必要在这里作明确的阐释。

最常见的误解是，如同自然界中的核心物种一样，企业并非为了利他的原因而采取网络核心型战略。它们之所以对整个网络的健康施以积极的影响，原因很简单，那就是这样做对于网络核心型企业自身的效益和可持续绩效也是有好处的。为了取得成功，网络核心型企业战略的实施亦依赖于竞争法则，因此，它们常常会攻击某些单个的竞争者。假如网络核心型企业不通过进攻性的举动捍卫其优势地位，并且不断地开发出新产品，发展新的能力，那么该企业的生态系统就不会从该企业获益。以微软公司为例，它要有持续地提升其平台的能力，就必须充分认识到新技术将对其生态系统产生的助益，为此，它需要不断地评价环境中出现的威胁与机会。如果微软不开发自己的媒体技术或像".NET"这样的基于网络的计算技术，那么它为整个网络开展新的重要活动提供有效核心的能力就将大大减弱。因此，实施网络核心型企业战略的一个决定性因素是，时刻关注那些重要的新兴领域中出现的变化，并在主动出击或化解威胁两种策略之间寻求平衡。这种平衡必须依照如下的原则做出：最终有利于增进网络核心型企业自身的能力和在生态系统中其所应该具有的基本能力。

如同网络核心型企业战略的潜在有益影响可能被忽视一样，

也有一种倾向可能过分夸大奉行网络核心型战略的企业所获得的益处。尽管目前常有人将"网络核心型企业"理解为作为一个实体的企业成为其生态系统的核心，但事实上，使一个企业真正成为核心的是它所采取的行动是否产生了网络核心型企业的功效。尽管我们有时会使用"核心"一词来指代这样的企业，但是我们要切记，我们这里所关注的是这类企业的实际行为，也即看它们的行为是否与网络核心型企业的角色要求相一致。微软、沃尔玛、eBay 并不是在所做的每一件事情上都像网络核心型企业，尽管我们相信它们的成功在相当大程度上可由它们所推行的网络核心型企业战略来解释。就拿微软公司来说，它并不是在所做的每一件事情上都是一个无瑕的、纯粹的网络核心型企业，也不见得是一贯表现最佳的企业。在许多方面，比如在财务软件或主机游戏方面，人们会认为，要避免微软成为一个像支配主宰者那样行动的企业，只有通过其竞争对手对其施以有力的限制性影响来抑制其垄断行为。就像所有成熟的网络核心型企业一样，微软还必须顶住这样一种压力，即出于增长动机而侵占生态系统中所有利基市场。这是一种为了短期利益而牺牲生态系统长期的发展与健康的做法。我们的观点归纳起来就是：主宰型的垄断者，只会是其行业的一股阻碍力量，这一点是不言自明的。但公正地说，微软目前还远不是这样的角色。它一直遵循一种网络核心型战略。而且，现今的微软也许比以往任何时候都必须更加专注于这一战略，并设法寻找途径使它的生态系统得到成长。

　　一个企业可能在某一领域扮演核心的角色，而在其他领域可能扮演支配主宰型企业或利基型企业的角色，理解这一点也很重要。事实上，我们会看到，企业可能采取自相矛盾的立场，其中某一业务单元奉行网络核心型战略，而另一业务单元则奉行利基型或支配主宰型战略。企业甚至可能在几个领域都充当核心的角色。再以微软公司为例。从其市场份额和所获取的价值来衡量，微软的办公软件业务明显地主宰了办公软件应用领域，但"办公"又是作为一个平台，服务于一个由附加产品和商业基础架构所组成的大型生态系统。办公软件的特征，加上与 Windows 的整合，大大提升了 Windows 平台的价值。另外一点是，这些不同的战略可能互相冲突，也可能以协同的方式相互配合。确实，我们在后面的几章中会看到，在健康的生态系统中，我们会发现利基型企业可能通过自己的努力，使它在生态系统中所占有的利基市场得到扩展，这样它也就在扩展的市场中成为一个网络核心型企业。同样，如果我们发现有企业利用其在一个领域的核心地位而主宰其他领域时，我们也不应该感到奇怪。

微软的比尔·盖茨或者 eBay 的彼拉·奥米迪亚尔（Pierra Omidyar），在着手实施后来获得了惊人的成功和极大的影响力的网络核心型战略时，是否完全明白自己在做什么？对于这些创业者来说，即使他们中的任何一位都并不能完全了解自己开始时所做的将有什么样的影响，但他们都有一个共同的信念——成功的关键仰赖于一个比他们自身的组织大得多的群体。盖茨、奥米迪亚尔早期努力的成果就是构建了一个平台，将日益增大的由许多人及组织构成的网络联结起来，并给网络成员提供了实实在在的有意义的价值。不论是为最酷的新款微型计算机编写应用程序，还是交易不同寻常的收藏品，网络参与者的热情都在盖茨、奥米迪亚尔的鼓舞下骤升了。这一激昂的群体，将微软、eBay推向了现代商业活动的前沿，使它们成为各自领域中的核心企业。

## 注释

［1］企业技术信息服务公司（Corporate Technologic Information Services，它在被一源信息服务公司（OneSource Information Services）收购后，更名为 CorpTech），收录有高科技企业的历年数据。它提供的数据包含了对 2000 年美国 1.1 万多家软件企业的调查资料。

［2］埃文斯数据公司发布了两项相关的调查。其中，"北美软件开发人员（NAD）"数据来自一组为软件公司和独立软件供应商工作的开发人员。调查显示，大约 50％的受访者回答是为公司内部使用而开发软件，另一半的受访者则回答是为出售给公司外部的顾客使用而设计定制的或商用的软件。这项调查的对象包括为各行各业中各种规模的企业工作的开发人员。调查主要考虑两个重要的问题。一是问受访者"你在自己所用的计算机上主要靠运行什么操作系统来完成大部分的编程工作"，总计有 77％的人回答他们主要使用 Windows 操作系统（包括 Windows 95，Windows 98，Windows NT 或 Windows 2000）来开发应用软件。二是问受访者"哪一个目标操作系统是你在编写应用软件工作中经常使用的"，约 72％的人认为，他们主要的目标操作系统是 Windows。那些声称将在 2001 年把主要目标放在 Windows 操作系统上的开发人员所占的比例为 69.1％，而且显示了关注点从 Windows NT 向 Windows 2000 的大转变。大约有一半的开发人员说，他们将

在接下来的 12 个月里开始使用 Windows 2000，而另外的 17％的开发人员则称他们将在一年多以后开始使用 Windows 2000 开发应用软件。

有关信息技术管理人员的调查数据来自一项名为"企业开发管理问题"（EDMI）的调查。这项调查的访谈对象是 400 名高级信息管理人员。他们来自拥有 2 000 名以上员工的公司。调查工具类似于上述 NAD 调查中所用的。在这项调查中，大约有 72％的受访者称他们是用 Windows 平台（Windows NT，Windows 9X，Windows 2000）来做绝大多数的编程工作。这与 2000 年调查所得的 66％的调查结果相比有所上升。此外，有 69％的受访者说他们正使用 Windows 平台编写他们的"绝大部分"应用软件，这与 2001 年早期的 74％的比例相比略有下降。77％的受访者称，他们打算在未来某个时候使用 Windows XP 开发应用软件。

[3] 例如，微软公司已聘请外部的市场研究机构进行一项软件开发者调查。调查对象包括独立软件开发商（占 20％），企业的管理信息系统部门（占 40％），以及作为第三方的软件咨询公司（占 40％）。最近的一次调查是在 2001 年 10 月进行的。其结果与企业技术信息服务公司和埃文斯数据公司的数据基本一致。调查显示，绝大多数的开发者是使用多个平台进行软件开发，不过 Windows 依然是其主要使用的操作系统。当被问及"当前你开发应用软件是使用以下哪些计算机操作系统"时，59％的受访者给出了多项选择的回答。对于同一个问题，91％的人选择了至少一个版本的 Windows 操作系统。在回答"哪个是你开发应用软件所使用的最主要的操作系统"时，75％的受访者选择了 Windows 操作系统的某个版本。

[4] 由微软公司高级副总裁克雷格·蒙迪（Craig Mundie）准备的备注文本 "The Commercial Software Model," *New York University Stern School of Business*，3 May 2001。可从＜http://www.microsoft.com/presspass/

exec/ craig/05-03sharedsource. asp＞下载。

　　［5］参见国际数据公司（IDC）*Worldwide Software Review and Fore-cast*，*2001　2005*，Report no. 25569，2001。这一比例与 IBM 公司在 20 世纪 60 年代类似的营业收入所占份额相比低了许多。参见 Charles H. Ferguson and Charles R. Morris，*Computer Wars：The Fall of IBM and the Future of Global Technology*（New York：Times Books，1994）。

　　［6］＜http：//www. asp. net/webmatrix/＞.

　　［7］Microsoft Corporation，*Real Stories from Real Customers Building Real Applications*（Redmond：Microsoft Corporation Visual Studio. NET Launch，February 2002）.

　　［8］Microsoft Developer's Network Web site：＜http：//msdn. microsoft. com/ library/default. asp? url＝/library/en-us/dnbda/html/psimp. asp＞.

　　［9］国际数据公司（IDC）追踪了软件业的三大类数据，即应用程序开发与使用软件（ADD）、应用软件、系统基础架构软件。

　　［10］IDC，*Worldwide Software Review*，Table 18.

　　［11］Findings of Fact，*United States of America v. Microsoft*，Civil Action no. 98-1232（5 November 1999）：III. 2. 1. 40.

　　［12］Mundie，"The Commercial Software Model."

　　［13］Direct testimony of Paul Maritz，*United States v. Microsoft*，Civil Action no. 98-1232（20 January 1999）：III. A. 2. 136.

　　［14］Ana Volpi and Carol Monaco，*Developing Developers：Developer Support Program Dynamics and the Strategic Role of Developer Support*，International Data Corporation Report no. 23966（March 2001）.

　　［15］Steve Lohr，"Microsoft Puts Its Muscle Behind Web Programming

Tools,"*New York Times*，13 February 2002，C1.

[16] 用更正式的术语来讲，价值曲线应该会表现为随着 N 的增大而递增，而且增长指数大于 1。虽然这并不必然地适用于整条价值曲线，因为资产价值可能最终达到饱和的状态，但就作为平台中心的组织的运营来说，判断确实是适用的。

[17] Ann Zimmerman and Emily Nelson，"In Hour of Peril，Americans Bought Guns，TV Sets,"*Wall Street Journal*，18 September 2001，B1.

[18] "Distribution Network Slated for Expansion,"*Mass Market Retailers* 17，no. 8（2000）：67.

[19] Amy Tsao，"Where Retailers Shop for Savings,"*BusinessWeek Online*（15 April 2002），＜http：//www. business. week. com/technology/content/apr2002/ tc20020415 _ 6269. htm＞.

[20] "Hicks with Bags of Tricks,"*The Australian*，14 December 2001，34.

[21] "Chicago Summit Retail Systems '97：Demand-Side Economics,"*Chain Store Age*，1 October 1997，19B.

[22] 同上。

[23] Bradford C. Johnson，"Retail：The Wal-Mart Effect,"*McKinsey Quarterly*，no. 1（2002）：40-43.

# 第 6 章

# 坐收其利型和支配主宰型战略

"市场之所以喜欢安然，是因为公司总裁杰弗里·斯基林（Jeffrey Skilling）和首席执行官肯尼斯·雷（Kenneth Lay）创造了一种普遍适用的商业模式。"[1] 2000 年 8 月，当这些文字出现在《时代》（*Time*）杂志上时，受到了许多投资者的热捧。安然的股票市盈率超过了 60 倍，银行也主动给安然贷款上亿美元以助其开拓新市场。然而，在 2001 年 11 月，安然向美国证券交易委员会呈交了一份信函，称它有 6.9 亿美元的债务必须在短期内予以偿还。接下来没几个月，它就申请了《破产法》第 11 章的保护。

## 价值攫取者

对安然公司业务模式及其绩效的错误认识，是最近商业活动中最令人困惑的一大谜团。是什么使得这么多人对这家公司持有如此高的评价？当然，安然公司当时的赫赫声名和现今臭名昭著的财务欺诈与道德沦丧丑闻，给出了这一问题的主要答案。但是，仅仅认识到安然的私下交易是导致其惨败的原因还远远不够。安然的业务模式和战略手段是否也在其中起了至少一部分作用？或者，是否首先是因为经营不善导致的亏损引发了该公司的不道德行为？探究这些问题是有意义而且很重要的。

很多业内人士认为，安然的业务模式十分值得推崇。麦肯锡公司（McKinsey & Company）的两位负责人戴维·坎贝尔（David Campbell）和罗恩·休姆（Ron Hulme）曾在 2001 年写道：

> 通过多样化的产业结构，首先是天然气行业，之后是电力、互联网带宽、纸浆和造纸等多种行业，安然公司建立起世界上最富有创新性的一家公司的形象。在每一个行业中，安然公司专注于产业链的中间环节，避免拥有庞大的资源基础和纵向一体化所带来的重负。安然公司不再在美国生产天然气，不再拥有电力设施，也从未在电信网络投入大量的资本。尽管如此，它仍在每一个行业中成为卓越的价值创造者。[2]

对安然公司战略和运营模式失败原因的理解，将使本书中的许多讨论更具针对性。像本书所分析的许多网络核心型企业一样，安然遵循的战略也使其获得了在商业生态系统中居于重要中心位置的控制力。然而，与其他的网络核心型企业不同，安然相信它能从其支配的网络中攫取无限价值。安然奉行的是它精心策划的我们所称的坐收其利型战略。它是这类企业的极端典型。它所采取的是一种不具有可持续性的价值攫取战略，最终摧毁了它赖以生存的整个生态系统的健康。

颇具讽刺意味的是，安然的崩溃之所以具有如此大的破坏性并产生如此广泛的影响，原因之一是该公司和它的很多顾问都明白占据商业网络中关键的中心位置的重要性。安然对自己的定位是"进行交易而不拥有基础设施和商品本身"，不拥有任何基础设施，而是占有确立其网络中心位置所必需的最少量的关键资产。[3] "在其所涉足的每一个行业中，安然公司都会测算出在哪个合适的环节它要拥有必不可少的 2% 的有形产品。"[4] 因此，安然采用的方法是，避免拥有有形资产，除非这些资产对它试图占有它欲进入的行业的业务交易网的中心位置是绝对必要的。这种"轻资产"的方法确实是有效推行网络核心型战略的关键要素：优秀的网络核心型企业应该避免直接从事其生态系统中的过多业务活动，给类型广泛的其他参与者留出成长和繁荣的空间。这正是安然所奉行的战略的特征，也是它得到诸多好评的缘由。但是，既然确立了自己在诸多不同网络中的中心位置，安然就有责任保证这些网络健康，然而，安然没有做到这一点，这就是安然错误之所在。

在发展的早期阶段，安然似乎在正确的道路上前进。它将自己所占有的网络中心位置与作为网络核心型企业应该具有的业务和技术的创新结合了起来。作为第一批受益于联邦能源管理委员会（FERC）颁布实施解除天然气管制规定的企业之一，安然在重新定义的能源市场上起到了领先的作用，并且迅速获得了创新者的声誉。[5] 安然是先为天然气继而为电力行业创造期货市场的第一家企业，安然在线（EnronOnline）极大地改变了这些行业中原有的交易方式。[6] 在海外市场，安然是打破管制障碍的"破城锤"，它为天然气和电力行业新出现的复杂交易架构开辟了道路。[7]

尽管这些创新可以提高安然所服务市场的效率，但它这样做完全是为了本公司的利益。使安然名噪一时的"创新"之举，既不是创造新的平台，以供其生态系统的其他成员使用，也不是将其生态系统成员可共享和利用的知识资产加以打包，或是促使其生态系统成员能彼此交换信息、节约成本、降低复杂性或者创造出稳定性，而是为安然攫取更多价值创造新的途径。其通常的做法是，明确避免提供任何形式的信息共享，不采取任何有助于降低复杂性的措施。举例来说，安然公司的"安然在线"网络交易系统从来没有清晰地标示交易的价格，使之透明化，尽管公司曾告诉能源企业将得到这样的服务。"安然在线"的交易商不断抱怨说，安然公司从缺少透明度的价格中大获其利。参议员利伯曼（Lieberman）在一份联邦能源管理委员会的报告中这样写道："只有安然公司自己知道在其交易平台上成交商品的实际数量和价格等有价值的信息。当然，这些信息中还包括在某一次特定的交易中所达成的交易价格是如何确定的，或者与其他类似交易相比，该价格处于什么样的水平。"[8]

安然的管理者相信，这是一种有利于创造新的业务和产品，且体现企业家精神的做法，该公司甚至还引以为傲。肯尼思·雷本人在 1996 年描述他对创新的允诺时这样说道:"我们期望从今往后的五年中,公司利润的 40% 将来自五年前并不存在的业务。这需要再创公司,改造目前我们所做的业务。"[9] 在"无须获得公司批准""你想做就去做"这样的文化驱动下,公司孕育出了从"安然在线"到天然气衍生品等诸多的新业务和新的业务模式。[10] 安然创造了一种利润驱动的文化氛围,"明星部门想做什么就可以做什么""顾客及股东的需要服从于明星部门的需要"。在这样一种环境下,要遵循一种关注更广泛问题的有利于生态系统健康的战略,几乎是不可能的。[11] 尽管这创造了使安然备受推崇的"创新"纪录,但也意味着安然的几乎所有的创造力都不是放在通过关注价值创造或价值共享来改善其生态系统的健康上,而恰恰是在价值攫取方面。

这就注定了安然要"辉煌地"死去。本来安然是可以通过改进其生态系统的效率为网络带来一些价值的。但是,只要它为这个生态系统创造出些许价值,它就要迅速地据为己有。为此,它发明了各式各样的新工具,不惜以牺牲网络其他成员的利益为代价,来为它自己攫取利益。这些新工具中的很多只不过成为它于市场博弈的新手段而已。这些新工具包括有"洗电"(Megawatt Laundering)、"菊链式交易"(Daisy Chain Swap)和"死亡之星"(Death Star)等方案。

## "死亡之星"

1998 年,加利福尼亚州授权一家独立系统运营商(ISO)负责能源市场的供求平衡。该独立系统运营商可以在必要的时候，从供应商（如安然公司）那里购得产品，再售给中间商（如太平洋天然气和电力公司（Pacific Gas & Electric））。有时，它甚至要付钱给供应商，请它们把多余的电输往州外。

安然公司是参与这一市场的企业之一。借助它所设计的在加利福尼亚能源市场进行博弈的电力交易策略，安然利用了这样一个事实上的政策，即如果"加利福尼亚州的计划送电量超过一些输电线路的容量"，这家得到授权的独立系统运营商就会向供应商支付拥堵赔偿费，以鼓励其"或者减少准备输给州内系统的电力，或者将多余的电力从加利福尼亚转输出去"。这一拥堵赔偿费最高可达每兆瓦时 750 美元。为利用这一可乘之机，"安然公司有意安排了它原本未打算达到的高电力输送量计划，使其看上去似乎会在州内某些区域出现输送线路的拥堵，而独立系统运营商就会要求安然公司撤销这样的输电计划"，安然因此获得拥堵赔偿费。"安然公司采用了一种技术，称为'死亡之星'，以避免输电拥堵为由，收取拥堵赔偿费。"[12] 安然得到的报酬是为了消除其从未投入的多余能源。如此一来，安然就攫取了它从未创造过的价值。

安然还"利用了这一事实，即加利福尼亚独立系统运营商有时会向那些在实时市场上没有使用其计划用电量的企业支付赔偿"。安然故意在前一日市场供求计划中安排过量的电力购买计划，而在第二天做出不买这些电的决定，从而获取它因放弃原本并不需要的用电量的赔偿。就这样，安然"在买卖它要是没有利益上的赔偿就永远不会做出的承诺"。[13] 安然使用的另一个手腕——"跳弹"（Ricochet）是玩价格差游戏。"安然公司会在前一日市场上买进电力，并将其售给处于脱销状态的交易商。第二天，它会把这些电力购回，又在实时市场上卖出。因为在实时市场上常常有那些电力紧缺的机构，它们愿意出高价。这样做，人为地哄抬了电力价格，而无助于缓解供求矛盾。"[14]

这些手法与我们期望网络核心型企业所做的，是近乎背道而驰的。安然的交易战略丝毫无益于它所处的生态系统，相反，这些战略是它为了最大限度地利用其在所处领域的中心位置而精心设计的，无非是为它自己谋取最大的利益服务，根本没有考虑这样的举动给整个生态系统带来的影响。实际上，这一影响是极其重大的。2002 年，加利福尼亚州发现其电费比 2000 年高出 67％。"每兆瓦时的价格由 2000 年初的 43.80 美元飙升至年末的 292.10 美元。'死亡之星'已经显示了其威力。"[15] 很多加利福尼亚州的居民，包括格雷·戴维斯（Gray Davis）州长，现在都相信是安然操纵了电力价格，利用其游戏规则攫取了"最大化的利润，而丝毫不顾对消费者的影响"。[16]

## 失败的网络战略

安然公司是一个失败案例，它向我们揭示了网络战略的一些重要方面。生态系统动力机制所形成的力量，不仅能使企业受益，而且可以使企业受到重创。如前一章探讨的，处于网络结构中特殊位置的企业可以利用其中心地位获得如下一个明确的机会：追寻一种网络核心型企业战略。正如我们已经看到的，一个有效的网络核心型企业，可以通过对商业生态系统动力机制的积极利用和引导，不仅为本企业，也为大量的其他企业创造有利的商业机会。但网络中起作用的力量，在没有得到充分认识或重视的时候，尤其会给那些有意要成为网络核心的企业带来众多的挑战。安然的失败可视为一个伪网络核心型企业失败的例子。所谓伪网络核心型企业，是指这样一个企业：它通过寻求和占据商业互动关系网络中的中枢位置并利用该位置获得利益，但无视（甚或主动破坏）它所处的整个网络的健康。

我们在本书中已经看到，各式各样的组织都有机会奉行网络战略。这些机会不仅带来了不同程度的成功，也引致了一些颇为凄惨的失败。值得指出的是，对处于生态系统中心位置的企业来说，它们有用不同的方式利用其所处位置改善效率的潜在优势。它们失败的一大原因就是没有创造出效率，相反，将网络中心位置作为其从生态系统中攫取尽可能多的价值的一个支撑点。这是安然在它的一系列业务领域中所遵循的利用其网络中心位置而坐收其利的战略。这类企业失败的另一个原因是，它们虽然创造了效率，但为此付出的额外费用因网络规模的扩大而急剧增加，并最终击垮了它们（很多失败的 B2B 交易模式就是这方面的例证）。

以上对处于商业生态系统中心位置的企业所面临的潜在威胁的简短概述，也许会让它们心惊肉跳，成为一种警示。这可以反向补充我们在前一章中所陈述的关于网络核心型企业潜在的积极作用的乐观结语。这里需要强调一个特别重要的观点：在商业生态系统居于中心位置的任何一个企业，都面临着一个巨大的诱惑，即利用这一位置为自己获取短期利益，而牺牲掉与之联结的相关企业所构成的整个商业网络的利益。像雅虎、安然、美国在线和微软这样的企业都有机会从其生态系统中榨取所有的价值，尽管这样做可能暂时使它们得到了利益，但最终它们定将自食其果，因为这损害了命运与共的整个生态系统的健康。

安然与微软的区别，不仅在于这两家公司创造价值的方式迥然有异，而且在于它们对价值创造或价值攫取有不同的侧重。我们认为，安然从它所处的生态系统中抽走了太多的价值，以至于连它自身位置的可存在性都受到威胁。然而，可以肯定地说，安然几乎是有意这样做的：它的失败绝不仅仅是作为网络核心型企业的失败，事实上，它极大地挥霍了自己作为网络核心型企业的潜能，从网络中攫取了大量价值。当然，这样的行为并不总是精心策划的。对处于网络中心位置的坐收其利型企业来说，也许最有意思的一点是，它们在尚未充分意识到自己正在做的事情将造成多大程度的危害，或者没有搞清楚这种危害会如何反过来最终损害到自己公司的情况下，就能发生像安然这样的全面崩溃。这就是我们为什么值得在坐收其利型战略上花些时间探讨。

# 坐收其利型战略

坐收其利型战略之所以成问题，是因为它给生态系统带来了不稳定。所谓坐收其利型战略，是指一种不通过纵向一体化控制某一生态系统或其中的某一业务领域，却又从中攫取尽可能多的价值的运营战略。

坐收其利型企业所采用的是一种本质上不连贯的战略。它们一方面反对通过纵向一体化来控制其业务运营中的关键资产，另一方面又从生态系统中攫取如此之多的价值，以至于使其自身怎么也离不开的利基型企业面临着业务模式上不可持续的问题。纵然这些坐收其利型企业也认识到，企业间联结的网络具有非同凡响的间接创造价值的潜能，但是它们将所创造的价值过多地占为己有。

在有关安然公司例子的讨论中我们已经看到，当一个企业全然不顾生态系统的健康，而一味地培育那种仅关注如何发明出新方法以利用其中心位置获利的进攻性文化时，就出现了奉行坐收其利型战略的极端情形。不过，坐收其利型战略也可能体现为一些更微妙的形式，且未必都是无视生态系统健康的结果。企业经常可能纯粹由于抽取价值的时机选择不对，或者过高估算了能从生态系统中安全抽取价值的额度等错误，甚或只是因为误解了中心位置占据者对整个网络健康的实际影响力，而采用了坐收其利型战略。雅虎和美国在线在各自的早期发展阶段就差点儿出现这些问题。实际上，它们的行为常常就像坐收其利型企业那样，将其所处的中心位置视为财富之源，抽取了高额的价值。它们未必清楚自己的角色在生态系统中是多么重要，重要到假如它们在大量的情形中都略微再多抽取些价值，那么整个局面就会全然改变。

像雅虎和美国在线这样的门户网站，值得我们加以更细致的考察。1995—2000 年它们的战略依赖于两类不同群体的发展：一是消费者，一是商业伙伴。不过，它们的定价策略和价值获取模型，对前者过于慷慨，而对后者显得过于刻薄。它们觉得，只要有很大的交易量，追求业务发展的商业伙伴就会纷至沓来。因此，它们通过提供高附加值的免费服务（如"我的雅虎"网页、电子邮件等）来吸引大量的消费者，同时以通道费、流量共享协议等形式从商业伙伴那里抽取大量价值。

有意思的是，雅虎和美国在线这样做的原因是它们在很大程度上根本没意识到它们对网络经济可能带来的破坏性影响。就单项业务拓展交易而言，借助雅虎和美国在线的商业力量，似乎有着巨大的经济意义。在初创公司看来，能宣布与美国在线有"伙伴关系"，就等于得到了一张在互联网鼎盛时期成功地进行新股发行的入场券。[17]

然而，人们很难认识到，门户网站事实上具有很大的威力，它们能够切实地引发某一交易领域的衰败。这些企业自以为明白了如何通过网络战略获取价值，甚至理解了生态系统中其他成员

利用它们提供的平台而进行价值创造的潜能，但它们忽视了命运
与共和集体行为的寓意。它们把合作伙伴逼得走投无路，使它们
连最轻微的市场衰退情形都无力应对。2000 年下半年，网络公
司的合作伙伴们完全垮了。此后一个季度，门户网站自己也经历
了严重的衰退，美国在线从其生态系统中可攫取的利益就此枯
竭了。

　　将这些案例与 eBay 进行对比，可以使我们更清楚地看到这
些失败的网络战略对于商业生态系统健康的影响。正如前面章节
所分析的，eBay 也利用它强有力的中心位置来获取自身的利益，
但与价值抽取行为相平衡，它采取了改善生态系统健康的行动。
其结果是，在这次衰退中，很多弱势的商业网络垮下来了，而
eBay 则设法支撑起了一个健康而繁荣的生态系统。

　　经历了这次衰退，雅虎只好彻底重构其业务模式，并均衡
地对待其市场的两方面力量。现在，雅虎向消费者和商业伙伴
两方都以一种比从前更为公平的方式收取交易服务费。雅虎当
前的销售和利润增长主要来自收费服务项目，包括高级电子邮
箱、就业岗位搜寻和个人服务。另外，雅虎还彻底重组了其业
务开发领域，向下授权，并为每一笔交易提供有针对性的商
务发展支持。在这些方面，它取得了巨大的成功，并与主要
商业伙伴建立起了真正双赢的关系。这些商业伙伴中包括西
南贝尔电信公司（SBC），该公司与雅虎合作提供市场宽带准
入服务。

## 支配主宰型战略

坐收其利型战略是不可取的，还是有很多有效的备选运营战略供处于某一生态系统中心位置的企业实施。从最单纯的意义上讲，支配主宰型战略是以企业内部价值创造和价值获得的最大化为目标的一种战略。成为一个坐收其利型企业常常是危险的，不过，有选择地控制某些利基市场则可能是有效和成功的。

支配主宰型战略是指通过纵向或横向一体化，来管理和控制某一生态系统或其中某一业务领域的一种运营战略。采取这一战略的企业不仅支配了生态系统业务领域的价值创造活动，也主宰了其价值分配，是同时控制价值创造和价值获得行为的企业。这些企业往往是采取纵向一体化的，在很多方面采取网络时代以前在一个行业中生产某一复杂产品的传统企业模式。这些企业自己承担交付产品的所有任务，常常采用封闭的产品结构以杜绝其他企业利用它作为平台改进或扩展其自身产品的可能性。

像网络核心型企业一样，支配主宰型企业也在其生态系统中占据很关键的中心位置。然而，与网络核心型企业不同，支配主宰型企业竭力掌控着所处的生态系统。在生物生态系统中，支配主宰者先是消除处于其最邻近的利基领域之中的所有其他物种，然后逐渐控制其他的利基领域。在商业生态系统中类似情况也清晰可见：这类企业试图排除其市场上的其他企业，并常常扩张到新的市场，随后就试图取得支配地位甚或取缔其他的企业。

商业史上，支配主宰型企业处处可见。美国电话电报公司（AT&T）和 IBM 在它们成长的早期阶段，以及历史更短的数字设备公司（DEC）在小型计算机市场中的表现，都是实施支配主宰型战略的代表性案例。在每个案例中，各个企业都是提供全套的产品和服务，以满足最终顾客完成特定任务的需要。它们基本上不给其他组织留下任何可借助其服务开发出新的应用或者通过提供附加功能增强其现有服务的空间。在 20 世纪 60 年代，IBM 就自制生产大型机所需的每一种技术组件，并为顾客提供几乎每一项服务，范围包括存储器组件的生产、客户应用软件的开发，以及安装服务和资金结算等方面。同样，数字设备公司在小型计算机产品线上，也是在内部制造各种组件及提供各种服务。

为保持未来的竞争力，这些支配主宰型企业必须在内部研发上大量投资，从而确保不会有在顾客心目中产品性价比更好的替代产品出现。对支配主宰型企业而言，技术创新是一种内部必须有的功能，是防御潜在竞争者的一种手段。因此，美国电话电报公司创建了贝尔实验室，IBM 创建了托马斯·J. 沃森研究中心，都明显地是为了确保其企业永远不会受到任何可能提供更卓越技术的竞争对手的侵袭。

慢慢地，支配主宰型企业会使其所在生态系统的组织的多样性大大降低，这也就削弱了该生态系统面对外部冲击的强健性。因此，随着时间的推移，由支配主宰型企业控制的整个生态系统就会受到可以提供替代功能的邻近生态系统的威胁。如果这些与之竞争的生态系统具有更加健康的多样性的结构，并具有一个或多个有效的网络核心型企业，那么它们有可能取代这个由支配主宰型企业控制的生态系统。当个人电脑生态系统出现并开始提供类似的功能时，大型机生态系统和小型计算机生态系统都遭受了这种悲惨的命运。这些受支配主宰型企业控制的生态系统，因为主要是由单一企业的力量驱动的，所以根本无力与由个人电脑平台所联结的数以千计的组织的共同努力相抗衡。

本书的研究表明，在出现技术或市场重大变迁的情况下，网络核心型企业战略可能比支配主宰型战略更为可取。这是因为，前一种战略鼓励生态系统的长期创新和利基市场的创造行为，它是领先企业开展业务经营的一种更有效、更可持续的业务模式。在动荡的环境中，支配主宰型企业可能会在短期和中期创造出惊人的收益，但是它最终会导致生态系统的崩溃和极度的混乱，从而促使替代它的网络核心型企业网络结构的出现。即使有些支配主宰型企业未必会将其生态系统引入崩溃的边缘，但也会削弱其生态系统的能力，或者至少使其生态系统的潜能开发受到影响。

苹果机平台与"Wintel"平台的对比，是这一背景下一个非常有趣的例子。要是苹果公司真的如许多人所指出的那样富有创新性，那么是什么导致了它的衰败？对此有种种解释。我们所持的观点是，苹果公司在创造一个集成的"应用型计算机"时，实际上采取了支配主宰型战略：它控制着从操作系统到硬件，以及从应用程序到外设等一切方面。确实，我们可以把苹果机的诞生看作一场斗争，在这一过程中，Macintosh 计算机在作为一种集成的应用这一初始的概念与它成为一个平台的一种更具开放性的概念之间，找到了平衡点。

有趣的是，在一流作者们所描述的关于受冲击产品（如小型计算机、大型机、玻璃制品、汽车、光盘驱动器）败退的经典案例中，有许多实际上都与支配主宰型企业的无效行为有关。[18]例如，在大型机和小型计算机这两个例子中，我们发现，受到关键厂家（即 IBM 和数字设备公司）控制的生态系统都没有将其平台向第三方组织开放。这些支配主宰型企业借助它们拥有专有权的硬件（如 IBM 在 20 世纪 60 年代开发的 SLT 技术、数字设备公司在 20 世纪 90 年代初期开发的 Alpha 芯片）和软件（如 IBM 的 MVS 操作系统、数字设备公司的 VMS 操作系统），为自己创得厚利。与许多预测恰好相反，这两个生态系统并没有威胁到对方（因为其创新速度相当）。然而，当一个与它们都不同的生态系统结构开始进入它们的领地时（如个人电脑，它是一种具有很高的生产性和创新性的结构），无论是小型计算机生态系统还是大型机生态系统，实际上都同时垮了下来。

像 IBM 和数字设备公司这些企业所采取的业务模式，就是在价值创造和价值获得两方面都处于支配的地位，以此获得占据网络中心位置所具有的所有机会。它们在内部创造的杠杆资产，如运营的高效率，以及在基础性研发方面靠巨额投资形成的在广阔领域的创新能力等，都被这些传统的支配主宰者用来为自己获取无可比拟的优势，并以此来对抗潜在的利基型企业，因为它们是与其直接竞争的对手。恰恰就是这样的生态系统，在技术或运营环境发生巨变的时候，要受到严峻的威胁。当然，在成熟业务的经营中或者一切保持不变的环境中，支配主宰型战略是能够奏效的，但是当条件改变了的时候，这样的生态系统就会崩溃，或者被更具创新性的生态系统替代。

## 坐收其利者、支配主宰者及生态系统的健康

很清楚，无论坐收其利型企业还是支配主宰型企业都有可能对它们的生态系统造成相当程度的破坏。这种破坏或许是直接的（如那些从生态系统中攫取价值的企业，安然就是其中之一），或许是间接的（如在 20 世纪七八十年代以纵向一体化方式接管了几乎所有的价值创造活动，将自己变为一个生态系统的小型计算机制造商）。

现实中，确实存在一些情形使支配主宰型企业能够在其生态系统中发挥建设性的作用。从价值创造与价值平衡的角度看，坐收其利型企业的负面效应是显而易见的。相对来说，传统的支配主宰型企业的负面效应就不那么明显。这些企业虽然霸占了整个生态系统可能挣得的价值的绝大部分，但也尽了在这一生态系统中创造绝大部分价值的责任。因此，与坐收其利型企业可能立即摧垮其生态系统，或者一开始就杜绝生态系统生成的可能性不同，支配主宰型企业对生态系统健康的影响可能更为微妙。将这两种不同战略的效果加以比较，有助于我们细致地分析它们对生

态系统健康衡量指标的不同影响。

## 生产率

以上两种战略对生态系统生产率的影响差异很大。坐收其利型企业会使其生态系统丧失提供必要的多种功能的能力，因为它不但不能鼓励其他企业的创造及创新行为，而且自身不进行任何有益的创新。仅有的一些创新，正如我们在安然公司的例子中看到的，常常是着眼于提高坐收其利型企业自身的价值攫取能力。因此，这一战略对生态系统生产率的影响，显然是负面的。

支配主宰型企业则不同。奉行这一战略的组织，常常是纵向一体化的，自己负责进行创新。在价值提供层面上，其生态系统的健康实际上取决于该支配主宰型企业在研发和运营上的内部努力及其生产率。两种战略的差别显示，控制着实物资产的支配主宰型企业可能有用武之地。这主要是在创新节奏较慢，或者创新需要大量的、集中的、高度协调的行动，或者企业间的交易成本较高，或者在创新风险不能简单地通过更加分散化、分权化的市场结构来化解的业务领域。在这样的情形下，尽管生态系统的生产率受控于少数几家相互竞争的支配主宰型企业，但是其总体生产率可能超过由很多企业组成的真正网络化的生态系统所能达到的水平。例如，制药行业中就是这样的情形。这一行业在一定程度上顶住了要求分散化的压力，而其他行业就没有顶住这种压力。

## 利基市场创造力

采取坐收其利型战略的企业会抑制其生态系统的利基市场创造力。它们从其网络中攫取了太多的价值，甚至没有给其他企业留下些许资源使之可以用来开创新的业务或者建立新的利基市场。支配主宰型企业要么自己占据所有的利基市场，要么阻止其他企业创造利基市场，因此也妨碍了生态系统中利基市场创造力和多样性的形成。不过，当有不止一个支配主宰型企业存在时，竞争的环境通常会促使支配主宰型企业自身努力创造新的利基市场或者向新的生态系统扩展。举例来说，在 20 世纪 50 年代后期至 60 年代初期这段时间里，IBM 和它的竞争对手（"七个小矮人"）就推出了一系列重要的创新成果，在计算机产业中创造出大量的新业务，覆盖了从半导体组件到租赁服务等广泛的领域。

由此可见，坐收其利型战略和支配主宰型战略对产业影响的差异是极其显著的。奉行坐收其利型战略的企业因为是非纵向一体化的，不在内部负起创造利基市场的责任，因此，受其主宰的行业只能提供很少的功能。这样，受坐收其利型战略主导的行业常常会每况愈下：整个网络所能提供的功能不仅数量很少，而且仅限于那些在坐收其利型企业的价值剥夺行为之下仍能幸存下来的少数企业所能开展的活动。

支配主宰型战略的影响则不一样，虽然它也抑制了多样性，但只要奉行这一战略的企业通过纵向一体化使自己承担起价值创造的责任，并接纳和支配了生态系统的利基市场，就不会出现该企业自己完全消除多样性的情形。因此，这一战略的效应是，所提供功能的数量并没有减少多少，但提供这些功能的方式可能不再是多样的。就生产率而言，支配主宰型战略会在有些情形下产生助益，或者至少是合适的。多样性过大会威胁到运营的稳定性，或者导致产品或技术的不兼容或者过剩，因此，消除不必要的多样性的企业，会保持高的生产率。究竟多大程度的多样性是对生态系统有益的？这确实很难确定，这一问题也超出了本书研究的范围。[19] 我们在这里要指出的是，与多样性（尤其是人为的多样性）相伴的是一定的代价（如过于复杂、功能过剩及出现混乱等），因此，适度减少利基市场的创造力可能是有益的，只要这一生态系统中的支配主宰型企业至少能够支持利基型企业提供某一种功能。

## 强健性

正如我们在本书中好几处所讨论过的，有效的网络核心型企业增强生态系统稳定性的方式之一，是提供一个稳定的、可预见的核心，让生态系统的其他部分能围绕这一核心自主运行。不过，我们亦已指出，这一核心实际上常常是由这家网络核心型企业自身所支配的。这点显示了坐收其利型企业和支配主宰型企业的又一重要区别。最为极端的坐收其利型企业只关注攫取价值而不去创造价值，因此并不控制其生态系统中有意义的稳定的核心。与之不同，支配主宰型企业是要构建一个它负全责的稳定的生态系统。尽管构建这样的核心还有其他的方式，比如制定公开的标准，或者提供可广泛共享的组件等，但一个最显而易见的方式便是自己占据这一核心。这样，可通过确保只有一个这样的核心，并且这一核心是由单个企业所拥有和维护的，来保证生态系统的稳定性。

然而，随着时间的推移，由于多样性的匮乏，任何一个受支配主宰型企业控制的生态系统都有可能发生意外。在冲击来临的时候，如出现产品架构方面的剧烈的或破坏性的创新时，这类生态系统注定会缺乏应有的适应力。这意味着在一段较长时期后，我们可以预期，支配主宰型企业之间会借助不同的技术、架构或业务模式而相互替代，或者被另一种网络核心型生态系统替代。

## 混合战略

正如前面已经阐明的，坐收其利型企业和支配主宰型企业对其生态系统的影响是复杂的。像安然这样的坐收其利型企业固然具有破坏性，而支配主宰型企业可能会产生某些有益的效应。在极其成熟的行业中，比如很少有创新发生，或者即便出现了变化，也仅以非常缓慢的节奏发生的这些行业中，由少数几家高度一体化的企业提供完善的成熟产品的生态系统，就比一个更为开放的生态系统更为有效。

然而，我们现在更重要的目的是要说明，现实中企业常常会奉行混合战略，即在一个业务领域扮演网络核心者的角色，同时在另一个业务领域是一个支配主宰者。通常在任何一个行业中都存在着某些业务领域，适合奉行某种程度的支配主宰型战略。例如，作为一个网络核心型企业，它要负责其生态系统的某些核心方面，这一网络核心型企业通常要对这些核心方面施以控制或至少是强有力的影响，以便确保生态系统的健康。微软公司需要控制 Windows 平台的很多关键方面，IBM 也不例外，它在利用很大程度上属于外部资产的 Linux 操作系统的同时，还拥有和控制WebSphere 平台和全套编程工具（这促使它后来收购了 Rational Software 软件公司）。

网络核心型企业也有可能要对某一业务领域以支配主宰的方式来实现扩张，因为它发现这一业务领域即将进入成熟期，所以适合采取支配主宰型战略。例如，微软办公软件就不像 Windows 那样本身就是一个平台，它代表了一个成熟的和相对稳定的功能集合体。从这一角度看，微软对办公软件实施支配主宰型战略，有助于稳定软件业这一细分市场，使该生态系统原来用以追求多样性的努力转移到其他更适合的领域。同时，在个人电脑的一个最为重要而且最为常见的使用中出现了这样一种可靠、稳定、可预见的工具，不仅使作为平台的 Windows 的价值大大提升，而且给整个生态系统带来了益处。


## 安然事件的反思

在安然破产之后的几个月里，全世界发生了一场反对网络化的"轻资产"业务运营模式的风波。在电力行业，安然事件的影响是如此之大，以至于导致了很多交易运营商的倒闭。这件事情虽然已经过去很久，但在这一行业中着实引发了一场严重的清算危机。这刚好说明了为什么对于运营经理来说，认识商业生态系统真实的运营动力，并在更深层次上理解安然失败的原因、雅虎业务开发战略的潜在缺陷以及 eBay 与安然在本质上的区别具有如此重要的意义。

　　这样的理解是极其重要的。这不仅对于那些占据了生态系统中心位置企业的经理人员来说是重要的，而且对于利基型企业的经理人员来说亦是如此。利基型企业应该了解其生态系统的结构和动力是如何影响它们的，在此基础上它们才可能制定出合适的战略。这也就是下一章要讨论的主题。

## 注释

　　[1] Frank Gibney Jr.，"Enron Plays the Pipes," *Time*，28 August 2000.

　　[2] David Campbell and Ron Hulme，"The Winner-Takes-All Economy" *McKinsey Quarterly*，no. 1 (2001).

　　[3] Robert Preston and Mike Koller，"Enron Feels the Power," *InternetWeek*，30 October 2000. "例如，在天然气领域，该公司现在的销售量约为其管道容量的 20 倍（而它拥有的管道比 1985 年时少了 5 000 英里）。"

　　[4] 同上。

　　[5] William H. Miller，"Vision Vanquisher," *Industry Week*，18 May 1998.

［6］Julian E. Barnes，Megan Barnett，Christopher H. Schmidtt，and Marianne Lavell，"How a Titan Came Undone," *U. S. News and World Report*，18 March 2002.

［7］Suzanne Kapner，"A Rush to Hire Enron Employees," *New York Times*，8 March 2002.

［8］Letter from Joseph I. Lieberman，Chairman of the Senate Governmental Affairs Committee，to Pat Wood，III，Chairman of the Federal Energy Regulatory Commission，14 May 12002，＜http：//www. senate. gov/~ gov _ affairs/051502 woodletter. htm＞. （2003 年 1 月 22 日搜索。）

［9］Harry Hurt Ⅲ，"Power Players ," *Fortune*，5 August 1996.

［10］Julia King and Gary H. Anthes，"Enron Hits the Gas," *Computerworld*，*Inc.*，20 November 2000.

［11］Malcolm Gladwell，"The Talent Myth," *New Yorker*，22 July 2002，30.

［12］Loren Fox，*Enron*：*The Rise and Fall* （Hoboken，NJ：John Wiley&Sons，2003），208-210.

［13］Chris Taylor，"California Scheming," *Time*，20 May 2002，＜http：//cgi. cnn. com/ALLPOLITICS/time/2002/05/20/scheming. html＞. （访问于 2003 年 3 月 5 日。）

［14］Fox，*Enron*，208-210.

［15］Taylor，"California Scheming. "

［16］同上。

［17］Erick Schonfeld，"What Goes Around Comes Around," *Business 2. 0*，21 July 2000，＜ http：//www. business2. com/articles/web/0，1653，6923，FF. html＞. （2003 年 3 月 5 日搜索。）

［18］R. M. Henderson and K. B. Clark，"Architectural Innovation: The Reconfiguration of Existing Product Technologies and the Failure of Established Firms，" *Administrative Science Quarterly* 35（1990）：9-3；Clayton M. Christensen，*The Innovator's Dilemma*：*When New Technologies Cause Great Firms to Fail*（Boston：Harvard Business School Press，1997）；and M. L. Tushman and P. Anderson，"Technological Discontinuities and Organizational Environments，" *Administrative Science Quarterly* 31（1986）：439-465.

［19］事实上，正如我们之前提到的，生物生态系统的稳定性和多样性之间的关系是复杂的，人们对其了解甚少，在有些情况下，较低的多样性会增强稳定性。

# 第 7 章

# 利基型企业

在 14 世纪末期，有近 2.4 万人居住在意大利的普拉托市及其周围，其中大部分居民是纺织工匠和商人，主要以小微组织的形式进行经营。这些人通常雇用少量员工，且都是专门从事高度专业化工作的人，例如编织、梳理、纺纱、缩绒和染色等。

大量的专业型工匠形成了一个商业生态系统，并且由两层中间商来协调。第一层由"毛织品贩子"（lanivendoli）组成，他们从工匠那里购买毛织品，然后将得来的毛织品集中大量地卖给有权势的"毛织品商人"（lanaiuoli）。这些毛织品商人构成了中间商的第二层，并成为该生态系统中最强大的交易中心。毛织品商人一般采用大型正式公司的组织结构进行运营，他们拥有清晰的账目，有生产、销售或记账等专业的管理职能，并且具有生产协调、质量控制甚至理财融资的重要能力。这些毛织品商人运营的公司就是西方商业的第一批网络核心型企业。

在 14 世纪和 15 世纪，毛织品和相关行业中的大量细分型组织组成了一个高度联结的集体化商业系统，这个系统中的组织以各种各样的方式相互关联。在某些情况下，这些关联是通过家族纽带来实现的。在其他情况下，关联方会签署正式合伙协议，从而有效地创建了公司网络。在当时的普拉托和欧洲其他城市中，从事毛织品和其他纺织品贸易的组织面临着两方面的权衡：一方面，与单一毛织品商人绑定并保持紧密联系是有好处的；另一方面，绑定后被（毛织品商人）要挟的风险更高，且放弃绑定后（与多个毛织品商人）保持灵活关系也可以获得一定的优势。如何在绑定和单干两者之间做出权衡是它们和现在的利基①型企业都要面临的挑战。

　　现代人把注意力都放在了现代的信息和通信技术上，因此很难认识到这些原始的贸易生态系统其实是庞大且非常分散的，就像今天由高度分化的行业组成的商业系统一样。最引人入胜的例子之一是弗朗西斯科·迪·马尔科·达蒂尼（Francesco di Marco Datini，以下简称"达蒂尼"，其开办的公司简称"达蒂尼公司"）开办的公司。在一个由数百个专业组织构成的庞大生态系统中，他的公司充当着网络核心型企业，与欧洲近百座城市都有业务往来。尽管 14 世纪的信息和通信技术落后，但达蒂尼公司仍然成功地将这一生态系统维系在一起。这确实是一个令人惊

---

　　① 利基一词是英文"niche"的音译，菲利普·科特勒（Philip Kotler）在《营销管理》（*Marketing Management*）中给利基市场下的定义为："利基市场是一个定义更狭窄的顾客群体，他们在细分市场中寻求与众不同的利益组合，营销者通常通过把细分市场划分为次级细分市场来确认利基市场。"利基市场又称为细分市场。

讶的事实，但证实了一个健康商业生态系统所具有的弹性和强健性。达蒂尼公司所在的商业系统的运作关键是进行准确的记录并保留大量的书面信件，这些记录和书信中的一部分被保存了下来，使我们能够深入了解达蒂尼公司所在的商业生态系统是如何运作的。

在达蒂尼公司所在的商业生态系统中，大多数公司都是独立且几乎自主运营的。然而，和今天那些有效率的利基型企业一样，这些公司会尽可能地利用系统内其他公司的优势、资产和能力，这样才能得到在自己单打独斗时很难得到的机会。这种战略会使生态系统内的公司之间形成一种复杂关系和内部联系，进而使它们在珠宝、保险和纺织品等不同贸易领域都有往来，如下例所示：

> 每个组织……都是一个独立的企业，并且在与其他企业打交道时都会收取佣金和利息。唯一的联结点就是前文所提到的达蒂尼公司。系统内各种各样的组织……都在尽可能地促进彼此的业务。例如，如果达蒂尼和尼科洛·迪·佩罗（Niccolo'di Piero）合办的毛织品染色公司在普拉托寄一些布匹给达蒂尼和索尔多·迪·洛伦佐（Stoldo di Lorenzo）在佛罗伦萨合办的公司，用于在威尼斯出售，那么这些布会被委托给公司在威尼斯的联络人宾多·迪·盖拉尔多·皮亚西蒂（Bindo di Gherardo Piaciti）。皮亚西蒂不会出售这批布，而是会用它们交换梅塞尔·安德烈·孔塔里尼（Messer Andrea

Contarini）的珍珠（每 108 股线换 74 颗珍珠）。这些珍珠随后会被投保，再转交给达蒂尼和卢卡德尔·塞拉（Lucadel Sera）在巴伦西亚合办的公司，最后在加泰罗尼亚出售。整个交易完成后，位于佛罗伦萨的那个公司会将这笔款项记入位于普拉托的那个公司的账上。[1]

和文艺复兴时期达蒂尼公司所在的商业生态系统一样，如今大多数商业生态系统都是由小型的专业公司组成的，这些公司单独看似乎对周围环境没有什么影响。然而，商业生态系统中的大部分活动、可用产品以及服务都是由它们提供的，因此它们的总体表现和效能对于一个商业生态系统来说至关重要。正如我们在达蒂尼公司所在的商业生态系统中所看到的，大多数细分型组织都能够利用它们所在的商业生态系统提供的一系列能力和机会，这也是有效的网络核心型战略的典型特征。

本章将探讨利基型企业在商业生态系统中的角色，并重点关注它们如何在避免落入眼前陷阱的同时，最大限度地利用现有的机会。

## 利基型企业

识别利基型企业的方法之一是看它是否与该生态系统的其他企业形成了"典型"（或不那么典型）的关系。[2] 根据定义，这类企业在生态系统中是数量最多的，其数量通常大大超过其他类型的企业。以软件行业为例，即使我们只考虑上市公司，利基型企业和其他类型企业之间的比例也大于 10∶1。如果我们把软件行业所有的公司都包括在内，这个比例会变得更大。因此，利基型企业构成了它们所处的生态系统的大部分，是其生态系统的重要组成部分。

许多利基型企业位于商业生态系统的边缘区域，它们追求创新，开发新的产品和服务，探索新的市场，因此它们是创新的关键驱动力。我们认为这些"边缘公司"的多样性特征是有意义的。这种多样性对生态系统强健性来说必不可少，因此，这些"边缘公司"对商业生态系统的健康来说至关重要。

有效的利基型企业的例子有很多，而且遍布各行各业，其中就包括无晶圆厂集成电路领域的英伟达公司和软件应用领域的财捷公司。英伟达和财捷分别在图形加速器和个人会计软件领域是非常成熟的市场参与者。"边缘公司"（即目前正在开辟新生态系统中细分市场的利基型企业）的典型例子则有专注于点对点软件领域的格鲁夫网络公司（Groove Networks）和专注于跨平台无线连接解决方案领域的 MobilianAvnera 公司。

就像上文提到的达蒂尼在他所在的商业生态系统中所做的那样，利基型企业成功的关键是专业化。利基型企业会利用自身与同一个生态系统中其他互补企业的共生关系，来实现深度专业化。同时，利用这种关系，利基型企业也可以提供客户需要的、复杂的、系统性的解决方案。

## 共生关系：IBM 和 deNovis

网络核心型企业和利基型企业之间存在共生关系，帝国蓝十字蓝盾（Empire Blue Cross Blue Shield，以下简称 Empire）、IBM 和 deNovis 三家公司在 2002 年达成的协议就是一个很好的例子。IBM 利用 deNovis 的软件和服务资产，结合自己的技术、专业技能、销售团队和行业声誉等，补充性地提高了 deNovis 在细分领域的能力。

deNovis 总部位于马萨诸塞州列克星敦，该公司专注于医疗保健市场。deNovis 开发的软件具有电子读取公司政策声明、法规和条例的功能，并可以根据读取内容自动进行合理支付。这种功能使安装了该软件的运营商能够为每个客户及其家庭成员提供定制的健康计划，并提供在线客服。这为 IBM 的各种硬件、软件和服务都提供了补充，其中就包括 IBM 新服务所使用的计算机网络，以及能够根据每笔索赔向保险公司申请保费的核算系统。

此合作的首个成果是 IBM、deNovis 与 Empire 签署了一份为期 10 年、价值 9.3 亿美元的产品合作协议。该协议主要涉及在 IBM 的平台（包括硬件、数据库和基础设施软件）上安装 deNovis 开发的产品。IBM 还将 2 200 万行旧代码从 Empire 转移到了 deNovis。更重要的是，IBM 还将自己的市场营销和产品销售团队租给 deNovis 使用，以便将这项技术推广给其他医疗保健公司。

如果没有 IBM，deNovis 不可能和 Empire 达成合作。一位美国西海岸著名的风险投资家曾经指出："对于从生态系统战略中获益的企业来说，deNovis 是个标杆。年轻的初创公司 deNovis 正在寻求一家大公司来为自己提供信誉担保，IBM 则正在寻找一种能够提供价值并帮助其进入医疗保障市场的应用程序。与此同时，Empire 也需要对它的索赔处理流程进行现代化升级，因为该公司与不同的医疗保健供应商之间都会签订复杂的合同，所以这种升级是很昂贵的。因此，这个生态系统的形成与技术无关，更多考虑的是这个生态系统的形成能为 Empire 的潜在客户提供何种解决方案。"[3]

因此，IBM 成为 deNovis 有效的网络核心型公司，为 deNovis 提供了必要的技术补充，IBM 也基于 deNovis 专精的技术组件开发了一个有效的产品。在面对它们的对手——美国电子数据系统公司（EDS）的竞争时，IBM 和 deNovis 提出将它们的下一代索赔处理引擎与 Empire 的医疗保健系统整合在一起。deNovis 的索赔处理申请软件能够以 100% 的精准度自动裁定 95% 以上的医疗保健索赔。[4] 这个自动裁决比例是大多数现有系统的两倍，且现有系统在审核至少一半的索赔时都依赖于人工审查。使用现有系统，每次索赔的平均成本将高达 12 美元，最终整个行业的成本预计达到 2 500 亿美元甚至更多，而 deNovis 提供的自动裁定索赔的产品则有可能减少 50% 的索赔管理成本。

　　在回顾这些成功的网络核心型公司战略的突出特征时，我们发现 deNovis 公司正在通过将其专业化的解决方案与 IBM 平台相结合，来获得巨大的商务和技术稳定性。IBM 则为 deNovis 和自己的最终客户都提供了保障。利用 IBM 的销售团队、技术资产和技术能力，deNovis 的销售额和运营生产率有了显著提高。最后，IBM 正在利用其平台，打开第三方创新的新领域，从而推动创造利基市场。类似与 deNovis 的这种合作模式对于 IBM 来说，不会是最后一次。

　　已经摆脱了 20 世纪 60 年代坐收其利型企业模式的 IBM，如今正在提高其客户的生态系统的生产率和强健性。IBM 和 deNovis 帮助 Empire 极大地减少了耗时的手工劳动和处理索赔的苦差事，为 Empire 节省了数十亿美元。这条产品线可能会对整个医疗保健行业产生重大影响。通过充当统筹者的角色，并利用其资产巩固新开发的应用程序，IBM 增强了医疗保健行业的强健性，并帮助 Empire 找到了解决成本问题的正确方案。在这个过程中，IBM 通过培育新的利基型公司，扩展了它所联结的生态系统。

## 利基型战略

　　利基型战略是一种经营战略，它是指企业通过专业化能力使自己在商业生态系统内的业务具有差异性。像 deNovis 这样的利基型企业的根本优势是专业化。它们在商业生态系统中利用网络核心型公司提供的服务，专注于获取能直接支持自身利基型战略的业务和技术能力，以此来实现专业化。对于财捷公司①来说，将资源浪费在磁盘压缩或硬件驱动实现的技术细节上是疯狂的（这些是微软所关心的事情）；对于 Mobillian 公司②来说，将其宝贵的现金投资到制造工厂上，也是不合理的。相反，它们的优势在于能够建立和培养自己特有的专业能力。

利基型企业自然会依赖其他企业的业务。因此，判断一个利基型战略优劣的关键步骤是分析企业所处的生态系统，并描绘出生态系统中网络核心型企业和支配主宰型企业的特征。强大的网络核心型企业是否存在？在该商业系统中是否有多个网络核心型企业互相竞争？公司应当和支配主宰型企业保持多远的距离？又应该与多少个网络核心型企业建立联系？

软件行业中一个典型的利基型企业是集成开发公司（Integrated Development Enterprise，IDe），它利用微软的平台来构建其产品（这个平台极大地依赖于 Active Server Pages，ActiveX，COM 和 ADO 等技术）。IDe 因为可以依赖微软提供的稳定且不断发展的工具和组件，所以能够完全专注于构建基于互联网的开发链管理（DCM）解决方案。此外，IDe 通过将其产品与 Microsoft Project 和 Microsoft Excel 整合，能够让自己的用户在 IDe 产品内部使用这些微软应用程序。

---

① 财捷公司是一家以财务软件为主的高科技公司。
② Mobilian 公司是一家提供基于区块链的汽车自动驾驶解决方案的高科技公司。

IDe 也是一个典型的追求利基型战略的公司，因为它把网络核心型企业所提供的平台视为一种理所当然的基础，认为平台外所有企业都可以依赖并有效利用这一平台。微软的技术不仅能够让 IDe 不用担心所有与开发链管理（DCM）无关或者关系不大的细节，而且能够让 IDe 的开发人员专注于工作中更具"抽象意义"的部分，因为像微软的 Visual Studio 这样的开发工具包中已经隐含了许多集成程序可以直接使用。这极大地促进了 IDe 快速"给顾客提供服务并得到反馈"的能力，这一能力"对 IDe 的业务有效性至关重要"。[5] IDe 首席技术官拉尔夫·布朗（Ralf Brown）的回答能够证明利基型企业有多么依赖这种在有效利用网络核心平台后所获得的效率，当他被问及如果他的公司被迫停止使用微软平台会怎样时（这里只是让他的公司从使用微软平台换成使用另一个平台），他答道："那就是世界末日了。"

在某种程度上，如果利基型企业把自己的活动集中在一个特定的领域，同时使用平台现有的解决方案来处理其他所有事情，它们就能提高自己的生产力和效率。这对产品架构有重要的意义：利基型企业不应该把产品作为独立的实体去设计，而是应该把产品当作在互联的要素生态系统中起互补作用的重要组件来设计。对于这个生态系统的最终客户来说，传统意义上的产品边界可能并不总是那么清晰。

这种产品架构带来了相当大的挑战，因为企业必须在两者之间取得均衡：一方面要让个人产品有辨识度以及品牌化；另一方面要支持和补充生态系统中其他产品的需要。最终，这一过程往往会对整个生态系统的健康产生积极的影响：利基型企业不再是通过人为的或表面的属性来区分自己，而是通过自身产品的核心贡献来获得辨识度，并对其生态系统中的其他成员形成补充。

尽管有最好的、高度专业化的战略，但利基型企业发现，随着时间的推移，它们还是会与其他互补产品企业、利基型企业、网络核心型企业，特别是支配主宰型企业发生冲突。通常来说，创新将是它们在这些冲突中获胜的关键，重点就是进行持续的专业化和差异化。那些没有或不能积极地将产品推向生态系统边缘的利基型企业可能会发现，不断发展的平台前沿将逐渐逼近它们所占据的利基市场。[6] 这些公司面临着一个关键的决定：在应对网络核心型企业和支配主宰型企业的挑战时，是要促进自身产品与平台的整合，还是拒绝整合。利基型企业战略的重点就是认识到何时需要做出这一决定并做出正确的选择，这对商业生态系统的健康具有重要的影响。[7]

在某些生态系统中，网络核心型企业将公开声明，明确表示自己不参与某些领域的竞争，从而避免与同一商业生态系统中的利基型企业发生冲突。IBM 和一些软件应用程序公司的关系就是这样。例如，IBM 通过其 WebSphere 产品线提供了一个有效的平台，并且明确表示不会与任何可能是 WebSphere 购买者和使用者的应用程序公司竞争。[8]

# 英伟达的利基型战略

在半导体和集成电路的商业生态系统中，英伟达是一个教科书式的利基型企业成功案例。通过利用生态系统中的实物资产（如制造设施）和知识资产（如第三方设计工具、库和标准），英伟达能够保持高度专业化并专注于其核心领域：对图形和媒体通信处理器以及个人电脑、工作站和数字娱乐平台中的相关软件进行设计、开发和销售工作。

## 利用实物资产：第三方的制造平台

作为一家无晶圆厂芯片公司[①]，英伟达已将其图形处理芯片的制造外包给第三方企业。因此，英伟达的无晶圆厂制造战略是利用了第三方企业提供的制造资产，以及包括装配、质量控制和质量保障、可靠性及其测试等领域在内的其他资产。英伟达的图形处理器主要由台积电制造，由日月光半导体公司（Advanced Semiconductor Engineering）、星科金朋公司（ChipPAC）和矽品精密工业股份有限公司（Siliconware Precision Industries Company Ltd）组装和测试。英伟达从分包商那里接收半导体产

---

[①]　无晶圆厂芯片制造商是生产用于各种类型的电子产品的半导体公司。无晶圆厂是指该公司设计和销售硬件和半导体芯片，但不制造其产品中使用的硅片或芯片。

品，确认进货质量，然后将产品通过海运的方式运送给计算机设备制造商、仓储代理、主板制造商等。通常这些制造商根据英伟达的设计指引和测试规范来组装和测试电路板，然后将产成品包括主板及其附加产品等，交付给零售商、系统集成商或原始设备制造商。[9]

　　如果没有这种复杂的关系网络，英伟达将需要承担因制造、组装以及测试等业务产生的数十亿美元的巨额成本和随之而来的风险。这些供应商还负责采购英伟达芯片生产所需的大部分原材料。因此，英伟达可以将资源集中在产品设计、额外的质量保证、营销和客户支持上。英伟达创始人兼工程副总裁克里斯·马拉可夫斯基（Chris Malachowsky）表示："这种关系对英伟达很有价值。如果英伟达要事必躬亲，那对我们来说将是一场噩梦。现在这种关系显然能够使我们专注于我们最擅长的事情，这对我们的战略至关重要。"[10]

　　由于英伟达与台积电有合作关系，英伟达的首席执行官黄仁勋（Huang Jen-Hsun）可以登录台积电的网站，跟踪其公司的芯片生产状况。"我们每天都能了解到每一块芯片的生产过程。"黄仁勋表示，他可以在后期进行工程更改，甚至在最后一分钟取消订单，而不会招致沉重的惩罚。黄仁勋表示："很多人都想和我们做生意。"但他称，英伟达之所以选择每年向台积电提供约5亿美元订单，是因为英伟达工程师与台积电工程师之间存在"化学反应"。[11]

## 利用知识资产：优化设计库和标准

通过与台积电和台积电的库合作伙伴（Artisan 公司和 Virage 公司）合作，英伟达能够利用第三方设计工具和建构模块来提高自己设计和制造图形处理器的效率。台积电日益重视定制化服务，其客户全天 24 小时都可以利用互联网获得设计信息和产品信息。台积电表示："对于客户来说，能够'进入'我们的晶圆厂非常重要，因此我们正转向电子商务，重点在于让客户在没有任何人工干预的情况下访问他们需要的信息。我们有可供他们使用的技术库，他们应该能够在没有任何人力帮助的情况下找到我们 90％的技术资料。"[12]

优化设计库的概念是台积电商业模式的核心。该公司不仅是一家制造商，而且是一家设计和技术经纪公司。例如，如果英伟达设计了一种新的图形处理芯片，并需要一个标准集成电路板将该芯片与其他计算机操作命令连接起来，那么在台积电的数据库中搜索可以找到这样的电路板。此外，台积电的电路板数据库一直处于优化状态，以此来使得台积电的制造工厂获得更高的产量。台积电可以将客户的各种设计整合在一起，制造出单一的、集成的、优化的产品。台积电把这种模式称为"充当一个忠实的知识产权经纪人"，并称："我们不做任何设计，也不与任何客户竞争，这是一个很大的优势。"[13]

台积电在 1998 年 8 月与硅谷的设计公司 Artisan Components 签署协议时推出了设计库。Artisan Components 公司不向台积电收取任何费用，但当台积电使用 Artisan Components 公司的设计生产芯片时，Artisan Components 公司会收取专利费。实际上，像英伟达这样的台积电客户在初期可以免费使用这些设计，这使得它们更容易维持现金流——无论对于大公司还是小公司来说，这都是一个重要的考虑因素。[14]

另一个利用知识产权的例子是测试标准的使用。和大多数三维芯片公司一样，在测试集成电路原型时，质量和性能是英伟达的首要关注点。一旦设计原型投入生产，数百万台这样的设备就会被生产出来。这些设备的复杂性使得如何在保持高质量的情况下快速生产成为一个挑战。例如，英伟达最新的集成电路在 0.25 微米的互补金属氧化物半导体（CMOS）中容纳了 1 500 万个晶体管，其复杂度与现在最先进的微处理器差不多（像这样的微处理器一般会具备高级逻辑功能、内部缓存和 200 兆赫及以上的速度）。[15] 无晶圆厂半导体公司没有测试集成电路原型的内部资源。实际上，许多无晶圆厂公司依赖于外部公司所提供的测试服务，比如加利福尼亚州圣何塞的 DTS 公司，该公司拥有复杂测试所需的设备。[16] 英伟达的硬件和软件开发团队与这些外部测试服务公司、认证机构、微软 Windows 硬件质量实验室和原始设备制造商密切合作，以确保主板和软件驱动程序都通过了原始设备制造商的产品认证。[17] 芯片生产的质量标准则由台积电、微软和美国硅图公司（Silicon Graphics）来维护。[18]

# 利基型战略的核心组成部分

利基型战略的本质是通过明确利用商业生态系统提供的机会来实现专业化，同时避免在这种环境下落入陷阱。我们对各种利基型战略进行了观察，并强调了其中几个关键的内容。

## 价值创造

一个有效的利基型战略的第一个驱动力是价值创造。

**专注于独特的能力**。在一个有效的利基型战略下，公司需要通过选择一个真正与其他领域有可持续差异的专业领域来创造价值。在 20 世纪 90 年代末的风险投资热潮中，许多新公司都犯了一个典型的错误，那就是选择了没有可持续性差异的领域，比如电子日历产品或在线预订豪华轿车服务等。随着时间的推移，这些新市场将不可避免地与现有市场合并。这些服务现在被广泛提供，但最开始开发这些服务的公司已经不再作为独立实体存在。在其他情况下，一些新的生态领域具有足以证明自身战略专业化、集中化的独特技巧和能力（例如，个人财务会计软件或客户关系管理软件）。这样的战略具有可持续性，并成功地使一些大公司得以发展（如财捷公司和希柏系统软件公司）。

一个执行良好的利基型战略具有专业化和集中化的特征，因此执行它的企业将对试图扩张的网络核心型企业和支配主宰型企业显示出强大的抵御能力。从这个角度来说，财捷公司也是一个很好的例子，它的 Quicken 应用程序在与 Microsoft Money 的竞争中取得连续成功的关键就是找到了一个既需要专业能力又足够大的市场。

**利用网络核心型企业获取其他能力**。有效的利基型企业意识到它们不再受纵向一体化整合的限制。就如上文提到的 IDe 公司或 deNovis 公司一样，它们通过将自己的专业资产与其他利基型企业的互补产品相结合，与网络核心型企业提供的平台相结合，来创建系统解决方案。它们抓住机会利用生态系统中可用的工具、技术、服务和产品，使自己变得轻量化和专业化。

在这样做的过程中，采用利基型战略的公司将风险与生产率进行了权衡。通过利用单一的平台，利基型企业通常可以获得良好的经济效益，例如，英伟达可以优化其在台积电生产线上的设计。如果一个强大且值得信赖的网络核心型企业出现在利基型企业的生态系统中，那么利基型企业没有理由连接到多个平台。然而，由于网络核心型企业有崩溃的可能，且与之合作的公司有被"敲竹杠"的风险，利基型企业可能想要实现多样化，并为了维持与多个核心平台之间的联结而进行相关投资。正如我们稍后将详细讨论的那样，在确定要采用哪种战略时，关键是要理解此类联结的强度，它决定了利基型企业在不同网络核心型企业之间转换的成本。

**持续创新**。无论是与一个还是多个网络核心型企业合作，对于一个利基型企业来说，技术战略的核心都是通过整合生态系统中可用的技术来不断创新，以提高细分产品的质量。重要的是要检查来自生态系统边缘的技术威胁，并利用生态系统来制定应对战略。这使得采取专业化战略的公司能够开发出特定的产品，并将其与公司内部的关键专有资产整合在一起。财捷公司就是通过整合微软公司提供的技术组件，使其应用程序 Quicken 能够应用于网络。

这意味着公司技术战略模型的根本改变。在纵向一体化的环境中，一个公司需要发展成庞大的组织，覆盖广泛的业务领域，来扩大规模，保证生存。这使得公司需要进行非常具有挑战性的规模化，并且需要大量的资金。此外，这也使公司在技术变革和其他类型的冲击面前非常脆弱。在分布式商业生态系统中，企业可以更容易地扩大规模，并利用其他企业提供的能力来应对冲击。

健康的商业生态系统能够长期地支持大量的利基型企业。在软件行业，有很多利基型企业已经运营多年，不断产生各种产品创新（见图 7－1）。尽管 2000 年的互联网泡沫破裂和随后的经济衰退导致企业数量萎缩，但这个生态系统仍然使数以千计的不同的公司得以生存下来。

## 价值分享与风险管理

一个利基型企业如何影响生态系统中价值共享的方式？它如何保护自己不被网络核心型企业"敲竹杠"，或者让自己免受网络核心型企业被淘汰的风险的影响？其中一个最关键的因素就是它们之间内在相互作用的联结强度。紧密联结（或高联结强度）

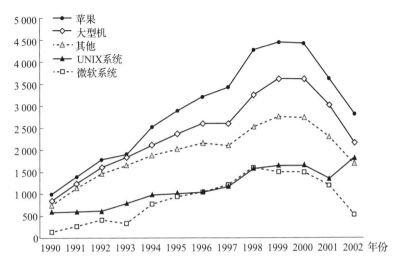

**图 7 - 1　计算生态系统细分市场的创建**

说明：这张图表明了同时与一个特定平台公司和其他（至少一个）平台公司形成合作的公司的数量（例如，UNIX 系统的那条线表示了同时与任一版本 UNIX 平台和至少一个其他平台开展合作的公司的数量）。需要注意的是，不仅每个平台都会持续与大量的公司联结，而且会有多个平台共存的情况，并呈现出随时间不断发展的总体趋势。

意味着特定的利基型企业需要开发高度针对性的内部资产，从而更好地发利用第三方提供的资产。英伟达需要花大量时间优化设计，以适应台积电的制造工艺。反过来这也意味着，一旦与某一特定的合作伙伴达成约定，转换的成本是非常高的。松散的联结强度则意味着最小的资产专用性，利基型企业能够轻松地从与一方的合作切换到与另一方的合作。

**紧密联结：管理风险和依赖关系。** 传统观念认为，紧密联结的关系本质上更有效率。例如，现有的管理理论通常更支持客户和供应商之间形成密切合作的关系。然而，紧密联结的关系也有很多缺点。

首先，组织之间的联结越紧密，利基型企业被"敲竹杠"的风险就越大，平台对利基型企业的影响力也就越大。因此，如果一个网络核心型企业决定要主宰利基型企业所处的环境，利基型企业就将面临更大的风险。此外，如果联结强度高，利基型企业也更容易受到技术和商业模式重大变化的影响，这点也解释了很多研究中强调的，一些利基型企业为什么会面临诸多挑战，以及这些公司失败的原因。[19]

利基型企业的一个常见失败表现就是与网络核心型企业绑得太紧，这会加剧网络核心型企业对利基型企业的掌控，并最终危及整个生态系统的健康。图 7－2 显示，整个 20 世纪 90 年代，软件行业中同时与多平台合作的公司比依赖单平台的公司有更高的生存率。

**松散耦合：关注流动性和灵活性。**对于一个利基市场的参与者来说，运营战略的核心是在一个生态系统中与多个参与者保持联结，一边利用这种联结带来的网络效率，一边管理这种联结带来的公司间的依赖关系。正如本书第 2 章所说，在计算生态系统中，随着松散耦合的出现，这种管理变得更加容易了。这个观点的本质是，非侵入性的、更温和的联结更容易最大限度减少技术风险和被"敲竹杠"的风险。

松散耦合的出现对利基型企业有巨大的影响，因为它意味着组织不再受到一种技术被另一种技术取代的威胁。由于松散系统

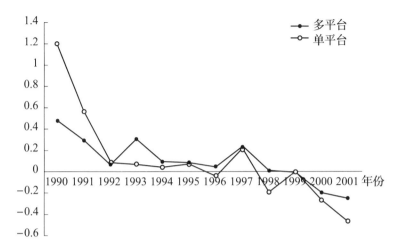

**图 7 - 2 软件生态系统中多平台和单平台公司的增长率**

说明：图中每条线都被视为一个不同类型的群体，我们通过该群体中公司数量的年变化来计算对应群体中个体的增长率。1992 年之后，多平台用户的扩张速度一直快于单平台用户（收缩速度也更慢）。

中的联结是轻量化的和非侵入性的，公司可以更容易地对技术环境的巨大变化做出反应。从本质上说，这意味着它们可以更容易地融入另一种做生意的方式里去。举个例子，英伟达就很容易地经过了几代半导体技术的更替，各个企业的 IT 部门也很容易地就接受了互联网技术。

以软件行业为例，我们已经见证了松散耦合的出现使大多数应用程序公司能够利用多个平台（见图 7 - 3）。半导体行业和零售行业也是如此。在实际情况中，像可扩展标记语言（XML）这样的松散耦合界面作用非常强大，它可以通过很少的平台特定资产实现相当高的效率。利基型企业通过利用这样的界面，可以同时连接台积电和联华电子，沃尔玛和塔吉特，微软和苹果。这些利基型企业之间可以交换设计规则和采购订单，并可以跨不同系统优化供应链。

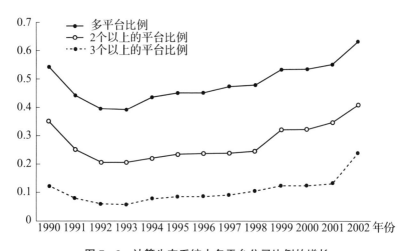

图 7 - 3　计算生态系统中多平台公司比例的增长
说明：图中显示了软件行业中同时与多平台达成合作的公司所占的比例。

**利基优势：凌驾于网络核心型企业之上的权力**。最后，松散耦合界面的出现对利基型企业还有另一个重要的影响。松散耦合使企业之间的联系产生了流动性，因此利基型企业在面对网络核心型企业时获得了强大的集体谈判能力。这种灵活性让它们能够避免毁灭性的技术转型，也让它们有可能远离过度自利的网络核心型企业，或者远离不能提供创造价值机会的网络核心型企业。

事实上，利基型企业可以利用这种优势来保持网络核心型企业的诚信，并防止它们"误入歧途"，在生态系统内称王称霸。

生态系统之间的竞争就是这样的：它们相互竞争，争夺流动的利基型企业。正是这种竞争保持了生态系统的健康：如果没有了解并利用这种优势的利基型企业，生态系统就会处于"亚健康"状态；同时，如果网络核心型企业没有起到作用，生态系统就可能进一步陷入病态。

## 创新和利基型创造

追求专业化利基型战略的公司在创新方面具有终极优势。这在一定程度上是因为与纵向一体化或模块化的行业结构相比，一个专业化的新理念更容易在一个新兴的企业中诞生。在一个利基型企业中，任何超出组织范围的东西都可以从外部资源集成获取；同时，它所提供的一项新的生产技术也可以很容易地集成到现有的生态系统中，作为生态系统功能的补充或扩展。

以这种方式积极寻找新领域的公司还有更大的优势：它们如果在新领域中能够脱颖而出，就可能会创造平台，成为网络核心型企业。英伟达就是这种模式的一个很好的例子。

### 英伟达：处于发展初期的网络核心型企业战略

英伟达已经迅速成长，它不仅是集成电路生态系统中一个充满活力的利基型企业，在某种程度上，它也是一个网络核心型企业，支持邻近软硬件生态系统中公司的发展。通过成功实施专业化的利基型战略，英伟达为下一步战略——将所处的利基领域转变为一个以自身为网络核心型企业的生态系统——打下了坚实的基础。

例如，英伟达开发的 Select Builder 程序能够支持个人电脑、笔记本电脑和工作站的系统构建。英伟达还为那些推广英伟达产品线的公司维护它们的经销-分销商合作方案。[20] 此外，英伟达还积极运营一个注册制的英伟达开发者计划，从视频游戏到工程模拟这些领域的软件开发者，通过参与这个计划，都可以获得培训、工具和应用程序开发等方面的专属支持，并且都可以利用英伟达图形处理器的独特功能。[21] 英伟达还提供了一套重要的工具、库和标准界面，使其自身的生态系统更加有效。这种与渠道合作伙伴和应用程序开发人员资源共享的方式，使英伟达自身成为网络核心型企业，随着时间的推移，英伟达在这一生态系统中的重要性会越来越明显。

## 创造复杂的生态系统

像英伟达这样的公司在构建复杂的生态系统中扮演着至关重要的角色，使生态系统易于访问和管理。实际上，它们代表了一个不断上升的复杂性阶梯，促进了利用平台的能力：基于英伟达平台的硬件制造商不仅利用英伟达的产品，而且在利用台积电的产品。像英伟达这样既是利基型企业（某一领域的专业公司），又是网络核心型企业（平台提供者）的公司，它所提供的这种多层次利用模式为生态系统带来了较高的生产力和发展速度。正如本章开头提到的，像在达蒂尼时代被纳入纺织商业生态系统的纺织工匠、商人和贸易商一样，这些企业也成为信息时代商业生态系统的一部分。

## 注释

[1] Iris Origo, *The Merchant of Prato* (Boston: D. R. Godine, 1986), 113.

[2] 当然，我们可以让"典型"和"关系"的定义更精确。第一，我们可以假设关系在特定类型的生态系统中具有特定的分布，并定义一个精确的关系级别，在此级别下的组织可以定义为利基型企业。第二，我们也可以跟踪各种类型的业务关系，例如正式或非正式的合作伙伴关系、买方和卖方的关系等。

[3] Interview with Gerry Mooney, IBM VP of Strategy, 28 January 2003.

[4] "About deNovis," < http://www.denovis.com/about/overview/>. (2003 年 1 月 21 日搜索。)

[5] 首席技术官拉尔夫·布朗引用的例子包括一些"线程模型"（threading models），这些模型在一些平台（如 IBM 的 WebSphere）没有被有效地"隐含"在工具包中。详见 Interview with Ralph Brown, 23 April 2001.

[6] 网络核心型企业推动平台持续扩张的一个重要的必然结果是，这一过程也会推动生态系统中的所有公司朝着生态系统前沿领域的方向开发新功能和新利基市场。很多公司在不可持续的经营领域中未能（或选择不）遵循这样的道路，可能会发现自己处于一个高风险（但也是高收益）的博弈中却毫无准备。

利基市场被侵占的情况也可能表现为一些利基型企业退出其所从事的、过于接近生态系统边缘的业务领域。众所周知，网景公司（Netscape）和瑞尔公司（Real）就是这样的公司，它们的业务领域十分接近微软生态系统的发展前沿。

〔7〕微软 FrontPage 技术的来源弗米尔技术公司（Vermeer Technologies）就是一个选择有效利用其平台前沿地位的例子。它通过与微软达成一项有利交易，促进了整个生态系统的健康，并确保公司的产品和技术的可持续性（这家公司被吸收到微软平台，成为相关技术支持者的过程，与线粒体诞生的过程类似，就好像原始时期被吸收到"真核生物平台"的细菌细胞，通过这种方式成为现在地球上每一个生物的线粒体的祖先）。值得注意的是，在遵循这条道路时，企业必须控制自己想要保留自身辨识度的欲望。这能够在不断增长的生态系统中形成一个重要的动力，这一动力促使两股力量——公司保留自身辨识度的惰性力量和产品之间自由流动（尤其是朝着平台流动）的力量——保持对抗。

〔8〕缺乏直接竞争并不是全部原因。对于一个网络核心型企业来说，考虑到它在网络中强大的枢纽地位，它很容易从生态系统中提取过多的价值，但这会损害它自身的健康。特别是当利基型企业的平台转换成本很高时，这个行为将造成非常大的威胁。

〔9〕参见截止于 2002 年 1 月 27 日的英伟达 SEC 10-K 报告。

〔10〕Chris Malachowsky, interview by author, August 2002.

〔11〕Bruce Einhorn, Frederik Balfour, Cliff Edwards, and Pete Engardio, "Betting Big on Chips: Why TSMC Boss Morris Chang Is Spending Billions Despite the Tech Slump," *BusinessWeek*, 30 April 2001, 18.

〔12〕Charles Bickers, "Technology: Fab Innovator," *Far Eastern Economic Review*, 14 October 1999, 10.

〔13〕同上。

［14］同上。

［15］Keith Katcher（director of product and test engineering，NVIDIA），"The Virtues of Virtual Test for Fabless IC Developers：A Fabless Company's Case Study," *Integrated Measurement Systems*，*Public Relations*，9 March 1999.

［16］同上。

［17］参见截止于 2002 年 1 月 27 日的英伟达 SEC 10-K 报告。

［18］应用编程接口在 Windows 和 Linux 平台上都起着至关重要的作用。在 Windows 上，发挥这个作用的是微软自身的接口 Direct3D API；在 Linux 上，发挥这个作用的则是美国硅图公司（SGI）提供的接口 OpenGL API。

［19］R. M. Henderson and K. B. Clark，"Architectural Innovation：The Reconfiguration of Existing Product Technologies and the Failure of Established Firms," *Administrative Science Quarterly* 35（1990）：9-30；and Clayton M. Christensen，*The Innovator's Dilemma*：*When New Technologies Cause Great Firms to Fail*（Boston：Harvard Business School Press，1997）.

［20］NVIDIA Channel Partner Web site，＜http：//www. nvidia. com/view. asp? PAGE＝channel＞.（2002 年 3 月 3 日搜索。）

［21］NVIDIA Developer Web site，＜http：//developer. nvidia. com/＞.（2002 年 3 月 3 日搜索。）

.

# 第 3 部分

# 竞争的基础

# 第 8 章

# 架构、平台和标准

于公司而言，无论其在商业生态系统中占据核心地位，还是专注于某个特定的利基市场，战略的制定与执行均需要深度理解在互联网环境中竞争的三个基础。第一个基础是架构，它决定了公司如何在技术、产品和组织之间划分边界。第二个基础是整合，它有效地决定了组织如何跨越边界进行合作，共享能力和技术内容。第三个基础是市场管理，它塑造了组织如何跨越这些边界完成交易，如何在复杂市场动态环境下的商业网络中运作。接下来的三章将讨论这三个基础。在本章中，我们将从架构开始，重点讨论平台和标准，然后在接下来的两章中讨论整合和市场管理。

## 设计一个支付平台

架构的概念远远超出了技术领域。2002 年，在 1.5 万亿美元的银行卡交易中，Visa 平台占据了一半以上的交易额。[1] Visa 平台只用了 1 300 名员工就完成了 500 多万商户和 2.2 万家银行的交易活动，毫无疑问这是世界上业务杠杆水平最高的组织之一。该组织通过部署精心设计的平台来管理这个庞大而分散的社群。通过集成技术和简化标准，该平台为整个零售交易生态系统的价值创造和价值共享提供了一个令人难以置信的高效框架，决定了 Visa 网络核心型企业的角色。

Visa 平台随着时间的推移不断发展。1950 年，大来卡公司 (Diners Club) 开始推行信用卡业务。该公司向曼哈顿的顾客赠送了自己的信用卡，然后向各家餐馆宣传接受信用卡的好处。到 1960 年，大来卡公司开始面临来自美国运通和 Carte Blanche 的竞争。同时，一些银行也开始发卡，为其所在地区的零售店提供信用卡服务。[2] 美国银行（Bank of America）的 BankAmericard 与其他银行发行的银行卡相比更有优势。加州的市场规模很大，为了在全国范围内扩张，美国银行在 1966 年将 BankAmericard 系统授权给加州以外的七家银行。[3] 在 BankAmericard 品牌上市的两个月内，美国运通、大来卡和 Carte Blanche 也上马了类似的项目。[4]

这四种信用卡扩大规模时遇到了一些问题。首先且最重要的是，信用卡的使用并不方便。商家和顾客在打电话寻求授权时，时间延误时有发生。此时银行通常会设定一个限额，如果交易额低于该限额，商家不用授权即可直接刷卡。[5] 这有助于解决延迟问题，但也造成了巨大的风险。此外，由于处理交易产生的凭据信息必须先从商户转到商户的银行，再转到持卡人的银行，然后

才能刷卡支付，这导致交易信息的流转过程非常复杂，造成比较
大的延迟。最后，信用卡交易授权系统的成员之间完全缺乏信
任。一些发卡银行在收到销售凭证和客户的付款后，却在转账给
商家时拖延时间。银行在这个过程中赚了它们不该赚的利息。[6]

　　为了应对这些挑战，各个银行联盟携起手来，形成了 Na-
tional BankAmericard 系统，并发展成为我们今天所知的 Visa。
在这个系统中，银行同意设计和使用一个共同的平台来解决它们
面临的日渐严峻的挑战（见图 8‐1）。该平台建立在一套共享技

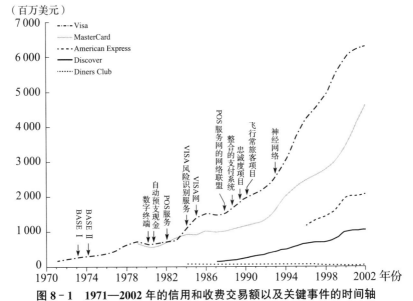

（百万美元）

**图 8‐1　1971—2002 年的信用和收费交易额以及关键事件的时间轴**

资料来源：*The Nilson Report*，no. 780（January 2003）；*The Nilson Report*，no.
756（January 2002）；*The Nilson Report*，no. 759（March 2002）；*The Nilson Report*，
no. 760（March 2002）；U. S. Census Bureau，＜http://www. census. gov/hhes/in-
come/histinc/h05. html＞（accessed 12 December 2002）；"The Trick Is Managing Mon-
ey," *BusinessWeek*，6 June 1970；and Irwin Ross，"The Credit Card's Painful Coming-
of-Age," *Fortune*，October 1971.

术之上，包括商家通信系统、磁条卡、支持自动授权和记账的操作系统，以及检测欺诈和降低风险的系统。它始于 BASE I 系统（BankAmericard Authorization System，Experimental I），该系统是一个国际电子网络，负责传递信息，授权世界各地的商家接受 Visa 信用卡进行全天候交易。该系统的推出将授权时间从 4 分钟缩短到仅 40 秒。[7] BASE II 系统于 1974 年 11 月投入使用，解决了另一个主要问题——令人头痛的纸质凭据问题。BASE I 和 BASE II 逐渐被各种其他技术和服务补充，从对飞行常旅客计划的综合支持到利用基于神经网络开发的系统来检测欺诈。

Visa 平台用户通过一套标准的"接口"进入该平台，包括不同用户内部授权交易方式、用户资格准入要求、用户会员交易费用以及数据交换格式，以确保交互性。这个平台创造了一个基础，通过它，交易生态系统中广泛且分散的参与者可以有效互动，并使该系统能够扩展到巨大的应用范围。在所有其他方面（费用、功能、服务和营销等），银行之间进行了激烈的竞争。

这个共同的平台是随后会员、商户和卡片数量强劲增长的关键，也是交易量爆炸性增长的关键。今天，它仍然作为一个成功的基础性平台而被众多支付行业领导者推崇。


## 架构、产品和平台

无论我们谈论的是支付方式还是软件，其基础都在于高效地分享一个分散的组织生态系统的价值。这种共享的机制通常体现在平台上，如沃尔玛的 Retail Link、利丰的供应链系统，或微软的 ".NET"。了解什么是平台以及平台如何部署，对于理解生态系统的动态性以及网络核心型企业所拥有的生态系统塑造工具是至关重要的。

## 商业生态环境的基础

平台是解决问题的方案，通过一组接入点或接口提供给生态系统的成员使用。在软件中，这些接口被称为应用编程接口（API）。虽然 API 术语在其他领域不常用，但所遵循的基本方法是一样的。平台体现了生态系统基础功能的构造，通过一套通用的接口包装并呈现给生态系统成员。然后，生态系统成员在这些接口的基础上构建自己的产品，并将其视为自己创造价值的起点（见图 8-2）。平台是一个"包"，通过这个"包"，关键要素与其生态系统共享价值。

在计算方面，微软 ".NET" 或苹果 OS X 等平台提供了对硬件能力的访问，同时消除了开发者对硬件实际工作方式的担忧。它们与基本功能相联系，例如对磁盘和设备的访问、安全，以及对基本用户界面组件的支持，或通过接口连接到打印机或显示器等输出设备。在半导体领域，联华电子等制造平台为各种设计机构提供制造能力，使得后者不必再了解制造过程中的细节，无须投入制造资产。联华电子等向客户提供的设计库形成了类似于 API 的功能，半导体设计师可以利用这些设计库快速设计优

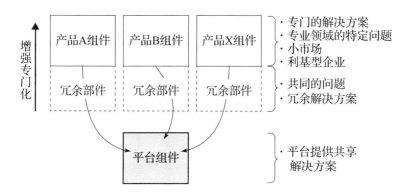

**图 8 - 2　产品架构作为平台设计和组件设计的结合**

说明：平台可以被视为共同生态系统问题的可共享解决方案的体现。矩形的区域表示交付一个解决方案所需的工作量比例（例如软件代码），该解决方案弥合了底层技术和它所适应的用途之间的差距。如前所述，任何产品都包含既定用途或解决方案的要素，以及生态系统中许多其他产品共享的要素。后者代表了形成平台的机会，可以被生态系统的其他成员利用，以消除多余的工作。

化过的集成电路，并使其在工艺流程中发挥作用。在支付行业，Visa 和 MasterCard 等平台减少了单个银行对交易的准确性和风险的担忧。不管平台的技术细节及其内部机制如何复杂，看起来完全不同的平台以类似的架构起到了相同的基础作用。

## 平台架构

平台可以有效地分为两种不同类型的组件：应用和接口。平台的应用是解决问题的专门方法，用以弥合生态系统底层技术和应用这些底层技术的解决方案之间的差距。平台的成功应用受制于应用者对平台增量的改进和应用底层新技术的能力。

平台接口是上述应用解决方案的一种技术，它是生态系统成员用以工作的起点。它表达了平台功能，建立了底层技术。正是这些接口的设计最终决定了底层技术可以做什么。

联结强度的概念描述了组件之间接口的本质。一个紧密联结的接口意味着组件之间有很强的依赖性，而松散耦合的接口意味着弱依赖性。如果组件 A 和 B 之间的接口是弱联结强度，那么我们有可能只改变组件 A 的内部属性而不影响组件 B。

无论是设计一个广泛应用的平台还是一个聚焦特定服务的产品，从技术和组织的角度来看，清晰地认识到接口之间的关联影响至关重要。最关键的是，一个紧密联结的接口的转换成本要远高于松散耦合的接口。松散耦合的接口对技术冲击和其他环境变化的适应力更强。不仅在技术领域如此，在管理领域也是如此，其影响遍及从组织流程设计到企业间的战略依赖性的建立的各个环节。

平台的多部件结构意味着生态系统成员观察和体验到的是平台的接口，因此只要不"破坏"接口，应用的细节就可以改变。只要接口组件将生态系统成员与应用组件松散地联系在一起，平台就能承受重大的变化。这使得一个网络核心型企业更容易管理技术变革。许多隐藏在生态系统中的技术进步无法显著提升平台的能力，因此这种情况不太可能推翻一个已建立的平台。只要平台能够适应商业生态环境并帮助其成员顺利使用新功能，不断迭代的底层技术也不可能威胁到已建立的平台。有可能带来真正新功能的新技术，即新接口的产生，对已建立的平台来说是最大的威胁，因为这种技术可能意味着使用该平台的整个群体的变化。

这些变化迫使网络核心型企业不断地、积极地将新技术纳入其平台，并管理这些变化对其生态系统的影响。

## 戴尔的运营平台

戴尔提供了一个松散耦合接口的操作平台的有趣例子。从本质上讲，戴尔是一个商业生态系统中联结信息技术供应商和客户的强大枢纽。戴尔的商业模式是保留最少的内部资产来建立和运营构成这个枢纽的平台，确保在其主要客户和供应商之间有持续、高速、双向的信息流。戴尔因此提高了其商业生态系统的综合运行水平，将其供应商的资产与客户的需求联系起来。尽管拥有较少的资产，但是戴尔在其行业中保持最大的供应链速度，对市场需求的反应比其竞争对手快得多。

戴尔商业网络的架构是其商业模式的关键（见图 8-3）。它有效地将戴尔的商业系统分为两部分：戴尔运营平台的紧密联结型核心，以及连接到戴尔客户的松散耦合型组件。这些接口联结各种不同的系统，从传统的企业资源计划（ERP）系统，如SAP，到最近的基于网络的解决方案，如 Ariba。

该架构十分强大，能够承受各种技术迁移——从客户/服务器系统到网络，以及从网络到网络服务。从本质上讲，每一次技术迁移都是通过增加新的接口来管理的，这些接口将稳定的操作核心与各种新技术和访问界面连接起来。因此，该平台的核心在过去十年中一直保持稳定，通过逐步增加新的功能不断发展。

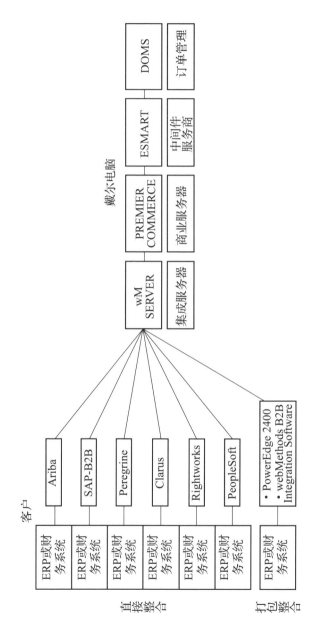

**图 8 – 3　戴尔信息平台关键部分的架构**

说明：该平台包括一个紧密联结的核心，以及与各种企业资源计划（ERP）系统交互的能力。

戴尔的架构可以使组织在设计业务时能够将资产与多元化的新老客户整合在一起，尽可能地简化与多种公司交换定制化信息的过程，并形成其重要的基础性运营模式。

## 架构与动态生态系统

产品和服务的架构对企业生态系统的发展有深刻的影响。良好的平台管理塑造了生态系统良好的动态发展，它们在发展过程中融入了新的功能，使网络核心型企业得以扩大其生态系统；新平台的出现使现有平台岌岌可危，而原地踏步和维护不善的平台则会逐渐老化并脱离核心业务。

一个平台如何发展进化、如何应对时代洪流、决定了其赖以生存的生态系统。具体来说，什么公司可以生存？什么地方可以存在多样性？什么事情容易做？什么事情很难做？生态系统中的哪些事情不费吹灰之力就能做好？哪些事情会有挑战性？这些问题之所以是平台必须面对的，是因为平台在底层技术与这些技术的推广应用之间充当了中介。平台决定了问题和机遇的表达方式，从而影响了问题的重要性，以及这些问题的定位。例如，沃尔玛的平台为消费者信息对零售业绩产生影响创造了条件。

平台主要是由网络核心型企业构建并维护的，平台会产生强大的影响力。但是这种影响力有时会导致混乱和公开的敌意。换句话说，当强大的平台表现得似乎在扼杀进步和创新时，便会导致严厉的批评。例如，一个对微软的指责是，它压制了那些可能成为平台竞争者的企业，特别是中间件开发商。

在某种程度上，产品间的差异对于其他产品与科技来说都是不可或缺的，由此，平台之外的中间件开发商得以激增。然而，在某些时候，相当一部分功能已经稳定，可以被纳入平台，属于平台系统的一部分。平台中新功能的增加和与旧功能的日益整合是不可阻挡的趋势。正如我们将在第 9 章看到的，这种整合过程是技术进化和生态进化的共同特征。这个过程对生态系统中几乎所有的成员都有利，但对那些把自己定位为平台发展的先锋而不为其后果做准备（或有具体的实施方案）的公司来说则是一种损失。随着平台支持的功能范围不断扩大，一旦新功能变得越来越稳定并紧密地整合到平台中，那些确立了平台前沿地位的公司将随着前沿领域向外转移而被吞没。这就是为什么许多中间件开发商无法作为独立实体进行扩展的根本原因。

这一论点对特定领域市场的参与者来说自然有巨大的影响。了解它们所依赖的平台的性质和其边界的可能演变是最重要的。事实上，平台的发展将推动小众开发者远离核心范围，这对于整个生态系统来说是有益的：这促使它们寻求创新的前沿领域，寻找专业领域。因此，强大且不断扩张的平台将创新和探索那些原本难以企及的领域，部分原因是进入这些领域的壁垒（通过提供基础设施）降低了，部分原因是这些领域是唯一"安全"的地方。

平台的扩展为不同的生态系统提供了一种相互联结的方式，

它们不仅在开发功能方面积累技术优势，而且能够因此不断扩大市场份额。例子包括 Windows 和 Linux 在电信领域的扩张。尽管对许多生态系统的成员来说是个威胁，但平台的扩张有很大的好处。这些好处不仅包括开辟新的市场，而且包括利用共享经验、转移用户模式（例如，在 Pocket PC 和 PC 设备上使用类似的用户界面），以及在多个目标上使用类似的 API（例如，使用".NET"框架来针对移动设备和 PC 使用大量的共享代码的能力）。

平台扩张的过程是生态系统成长的一个重要途径。然而，一定要明白，这种增长可能以牺牲其他生态系统或潜在的生态系统为代价。例如，如果微软能够在电话领域取得进展，那么从诺基亚（Nokia）到朗讯（Lucent）等公司的既定业务可能会受到威胁。但是，对于消费者以及微软生态系统中寻求新机会的公司来说，都将从中受益。

## 管理平台

平台只有被广泛使用才会有效。最好的平台，即那些成为一个庞大而多样的产品和活动的生态系统的基础性平台，必须为生态系统成员创造许多机会，必须被那些使用它们的人理解和接受，并且必须与底层技术的能力同步发展和扩大（见图 8‑4）。

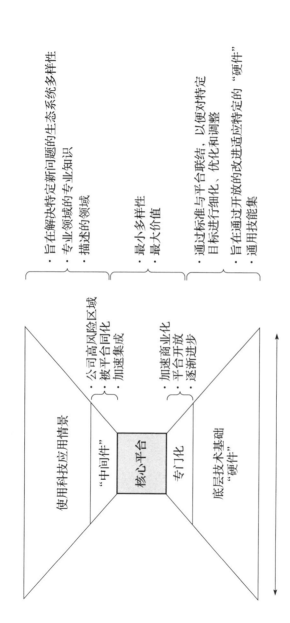

**图 8 - 4　商业环境下的平台架构**

说明：尽管平台通常被描述为一个单的"堆栈"，但随着平台层次的变化，平台在解决方案和方法的多样性方面显示了相当大的变化。

## 为一般问题提供解决方案

平台要想有任何用途，就必须释放构成生态系统的底层技术潜力，或者解决生态系统成员都面临的基本问题。微软的开局就能说明问题。它的第一个产品不是一个复杂的操作系统，而是一个相对简单的编程工具——使计算机的潜力相比之前普及更多大众。与之类似，沃尔玛零售平台（广泛的零售链系统）的开端只是将难以获得的信息进行了简单分享。在这两种情况下，重点都是使社群更容易解决问题。

## 平衡方案和接口设计

解决问题的关键在于构成网络核心型战略平台的主要初始功能，并且这些功能应继续为平台的设计和发展提供指导原则：哪些新功能、工具或概念将最有效地帮助生态系统成员解决问题？平台与平台之间的主要差异在于它们提出解决方案的不同方式：该组织以怎样的力度来建设和应用平台，以及平台界面所展现出来的信息表达能力。这是对主导平台决策的网络核心型企业的挑战所在。一个有效的网络核心型企业必须在完善应用和构建界面之间取得平衡，同时不断发展平台的能力和它所适用的领域。

Windows 是典型的通过推进技术创新发挥有效性的平台，但是它放弃了技术的细节改进。在一个快速变化的技术环境中，忽视低级别的优化而专注于扩大平台的能力和改善其界面是有意义的。因此，平台（就像生态系统）可能会积累低效率、特异性等弱点，这些都是平台功能演变的结果，不容易被重新审视或修复。此外，如果平台的发展大大超出了这些基础，可能就没有什么动力去改进了，因为该平台的可感知优势和价值都处于较高的水平而没有必要去关注细枝末节。

## 选择性开放平台，以控制需求方式来权衡创新力分配方向

网络核心型企业面临的一个特别棘手的问题是，它们应该在多大程度上保留对其平台不同层次的控制。如前所述，随着时间的推移，这些平台往往会成为可供出售的商品，因为它们解决的问题越来越被广大用户理解，同时，随着平台面临新的挑战或扩展到新的领域，它们的"老龄化问题"可能开始显现。应对这些挑战的最佳方式可能是将较低层次的平台"放开"：将它们开放给生态系统的很大一部分成员让其去适应和修改。例如，微软开放了 Windows CE 的源代码，以便能够更好地适应特定的设备。这对网络核心型企业来说是一个重要的机会，但它所带来的显而易见的失控极有可能使人们难以发掘其中的机遇。

考虑到其中的风险，以正确的方式连接或断开接口便极具挑战性：网络核心型企业如果对错误的部分放任自流，就会失去对其平台的控制。在这种情况下，网络核心型企业必须认识到，平台的不同部分对其整体价值的贡献是不均等的。网络核心型企业寻求保住控制权的部分应该位于最高价值的位置，其余部分可以在平台之外——"顶层"是生态系统的利基型企业，"底层"是专门化的平台技术标准，"硬编码"是商品化的组件。

## 构建你的生态系统

最后，网络核心型企业需要敏锐地意识到，平台为它们提供了一个塑造和控制其生态系统的重要机会。随着 Visa 网络或利丰零售系统的整合和利用生态系统的能力的提升，它们将越来越与平台共命运。它们将投入转换成本以激励平台参与者继续服务网络核心型企业。这将反过来为网络核心型企业提供其在商业网络的发展中需要的关键的预测能力。

网络核心型企业决不能高估它们所产生的转换成本的力量。在从计算机到支付的生态环境中，技术的发展正在向越来越开放的标准迈进，利基型企业可以利用更多平台，这激励着网络核心型企业不断增加其平台所创造和分享的价值。对网络核心型企业来说，持续为生态系统成员创造价值是一种更可持续的战略，而不是依靠迟早会消失的转换成本。

利基型企业在帮助塑造平台方面发挥着关键作用。它们参与接口设计，不仅对提高平台的质量和与实际问题的关联性至关重要（这正是利基型企业的领域），而且对塑造平台的架构至关重要（这有助于避免利基型企业在平台间流动的潜在威胁）。最终，利基型企业会用脚投票，如果这些平台不能提供利基型企业所需的持久价值，它们就会从已建立的平台上转走，这对平台的长期发展有巨大影响。

# 对产品管理的启示

在某种程度上，产品设计对平台发挥着越来越大的撬动作用。其影响是多方面的，在本书中已经讨论过，值得强调的是以下几个关键点。

## 利用别人提供的平台，但需要管理转换成本

生态系统中的企业应该积极利用平台，以获得最大的优势，这一点十分重要。生态系统的效率和生产力在很大程度上取决于利基型企业在利用平台提供的解决方案和理解其相互间的潜力方面的有效性。当努力利用一个平台时，最优秀的利基型企业必须注意两个复杂的问题：一是，尽管我们已经说过应用的隐蔽性，但利基型企业应该警惕平台中的隐患和问题；二是，在追求第7章所述的利基型战略时，利基型企业需要避免平台的特异性，这些特异性使它们更难在平台之间转移或支持多个平台。利基型企业应该积极利用平台来节约成本和解决问题，同时应该避免过度依赖平台的某些方面，否则就会把对其应用或产品命运的控制权交给网络核心型企业。

## 了解你所使用的平台的架构和动态

商业生态系统中的产品设计是一项具有挑战性的任务：节省

成本、提高效率以及与生态系统更顺利地整合以提高客户对平台的黏性。但一定程度上独立的产品设计和身份需求却将平台的发展推到了另一个方向。分布式环境中的产品设计是一项战略任务——通过日常设计决策建立起来的依赖关系决定了公司的未来。因此，利基型企业应该基于对平台设计和动态的深入理解来投资平台，它们不应仅仅追求当前所需要的东西而去设计自己的产品。这样的投资会获得巨大的回报——这是通过建立能加强对平台依赖的关键技术和管理平台转换成本来实现的。

## 注意平台边界

除非生态系统成员有意融入平台，否则这些不控制平台的生态系统成员必须了解平台设计，因为它们需要避开平台之间的边界。正如一家公司的营销总监所说，其领域被一个平台（以苹果公司为例）同化了。"这是业务的一个不幸但自然的部分。我们知道，如果我们做了一些对它来说有意义的事情来添加到操作系统中，它可能也会这样做。我们的目标是走在它前面，使我们的产品比它添加的东西更好。"[8]

希望长期生存并保持独立性的利基型企业应该尽可能在远离平台的前沿领域，或者在它们所服务的市场或所需的技术专长方面高度专业化。那些发现自己接近前沿领域的公司可能希望采取一些措施，使其成为有吸引力的收购对象：与平台合作，尽可能与应用和接口理念兼容，同时专注于在它们擅长的领域创造价值。利基型企业的另一种策略是成为自己领域的网络核心型企业，就像英伟达在计算机图形领域所做的那样。这是一个很有挑战性的方法，但壁垒的存在也使得网络核心型企业难以轻易复制。即使利基型企业被平台同化，它们也可以在新平台上处于强势地位，或者说，如果网络核心型企业（平台）试图复制利基型企业的功能，这种方式为利基型企业提供了一种防止被边缘化的防御功能。

## 架构和标准

标准在商业生态系统中发挥着重要的架构作用，值得单独讨论。微软或 IBM 几乎每天都宣布最新的标准，而关于谁拥有或控制一项标准的争论同样频繁。然而，标准是一个难以捉摸的概念。尽管它们引起了相当大的关注，但当仔细研究时，它们往往显得出奇的简单。货币，也许是所有标准中最重要的一个，它实际上只不过是一个公认的记账标准，它没有内容，在其使用范围之外没有价值。[9] XML 是计算领域最新的有前途的标准系列之一，被吹捧为几乎所有事情的解决方案，从分离数据及其在网页上的可视化到将整个万维网转变为一个巨大的分布式应用，但仔细观察你就会发现，它实际上只不过是一套简单的文本文件信息结构规则。[10] 尽管很简单，但标准是使生态系统发挥作用的一个关键部分：它们是构建生态系统的重要工具，也是有影响力的参与者用来对他人施加影响的工具。

　　标准是一种提高交互性的接口。这种交互性可以是在组织之间（如美国联邦调查局和美国中央情报局之间，或一个公司的采购部门和其人力资源部门之间），在设备或技术之间（如个人电脑和游戏机之间，或数码相机和电视之间），或在数据格式之间（如不同类型的 XML）。[11] 标准的有效性在于：它使网络中的参与者能够相互作用，并随着时间的推移保持这种作用，即使它们的内部细节发生了变化。此外，最好的标准能够提高接口的信息交换技术，这样，当对某一环境或某一时期使用的同一标准提出新要求时，它可以继续沿用下去。

　　也许令人惊讶的是，这种交互性往往是通过简单的设计来实现的，通常看起来不过是参与者之间类似于语言和货币交换的简单协议：一个插头的形状，一个表格的布局，一个数据文件的格式，或者一个软件程序中传递给函数调用的值的顺序。

　　标准有别于一般的接口，特别是用于包装和访问平台的各种接口。这种区别是很重要的，网络核心型企业的标准的微妙之处显得尤为突出。构建和提供对平台访问的接口，如 API，显然是平台网络核心型企业价值分享策略的一部分，这代表了它们塑造的生态系统的一个重要组成部分，我们将其称为访问接口。但是，这与人们所认为的互操作性接口的标准完全不同。在某种意义上，它们没有相关性。访问接口形成了平台与围绕该平台建立的生态系统中其他平台之间的互动，而标准则促进了生态系统成员之间的直接互动。这就是标准的难题。乍一看，它们似乎破坏了网络核心型企业塑造和控制其生态系统的能力，实际上，它们在生态系统成员之间的联系中插入了一个公开可见的、开放的、非专利的步骤。例如，两个软件程序使用微软的专有格式进行数据交换，就要求这些程序之间有一个"全微软"的链接，而使用XML 意味着，即使两个程序都在 Windows 上运行，并且都使用Windows 的 API 来发送和使用 XML，也有一个中间步骤，任何人都可以潜在地实现。因为 XML 规范是公开的，它似乎削弱了微软的"控制"，但这并非事实的全貌。

标准也是扩大平台范围的一种方式，这种方式增加了它的功能并加强了对依赖它的人的控制。找到标准的"意义"实际上也是在弄清楚如何扩大平台范围的内在潜力。如果一个标准越支持垂直实例（同一个标准能够支持不同代际的技术应用），这个标准就越有吸引力。增加范围的一个方法就是提供标准，以使生态系统参与者能有更多与他人轻松互动的机会。最强大的标准尽可能地降低了广泛领域内的交互性障碍，甚至能跨越不同的生态系统。通过促成这种广泛的互动，平台的重要性得以巩固，塑造大型生态系统的能力得以提高。

这非常关键，通过一个例子也许能更好地理解这一点。在XML 之前，每个应用程序在决定如何形成结构化数据方面基本上都是靠自我实现的。应用程序要么支持一种或多种明确的专有格式（如 dBase，Access，Oracle，FileMaker 等）或事实上的基本标准（CSV，以制表符分隔的文本，甚至是 Windows 的"ini"），要么它们定义自己的特定应用程序格式。在几乎所有情况下，每个应用程序都体现为从头开始处理结构化数据的所有关键语义的代码。从软件行业网络核心型企业的角度来看，这有一个重要的原因：它们的平台没有被用来处理结构化数据。用于不同接口数据交换处理的 API 被嵌入一个又一个专有应用程序中，以解决一个普遍存在的问题。这是一个两败俱伤的局面，因为应用程序开发人员需要额外编写代码，而平台提供的价值却比他们预期的要少。[12]

XML 的标准化有可能创造出一个戏剧性的不同局面，但并不是出于那种显而易见的原因。人们经常提到的 XML 的"胜利"是应用程序现在可以更容易地共享数据和交互，但是从网络核心型企业和依赖它们的企业之间关系的角度来看，关键的胜利在于平台的价值增长了，它对使用它的企业的控制力也增强了。例如，通过提供对 XML 的广泛支持，微软不仅使应用程序更容易处理结构化数据，而且控制了管理这些数据的细节。大量的专有代码现在消失了，取而代之的是对微软 XML API 的一系列调用。这些 API 是专有的，而且嵌入一个由其他 API 组成的巨大的集合中，它们与这些 API 交互。其结果是，只要应用程序利用微软的 API 和工具来采用 XML（一个真正的开放标准），它们包含的与平台无关的专有代码就会少得多，从而可以更紧密地与 Windows 平台（它是专有的）结合起来。具有讽刺意味的是，这导致人们对标准在生态系统中的作用产生了诸多不解：标准是否可以提升网络核心型企业的分量。事实上，标准越是通用和灵活，它就越有潜力，因为底层标准越是通用，适用范围越广，支持的 API 就越复杂，应用也越广泛。[13]

这就解释了为什么那种认为标准可能导致网络核心型企业"失去"生态系统成员的天真想法往往是没有根据的。只要它能真正为生态系统的参与者增加价值，标准的制定就比具体的实施过程更有吸引力。同时，标准的实施，使生态系统成员更难转换平台。这就是生态系统参与者注重制定和管理标准的精明之处。

## 管理标准

为了提高有效性，标准应该尽可能具有普适性，并解决普遍存在的问题。在这种情况下，重要的是要理解网络核心型企业和其他生态系统参与者的目标是一致的：两者都希望有最广泛适用的、普遍有效的标准，并且都试图在它们将被最广泛使用的领域里建立这些标准。然而，网络核心型企业和其他参与者的动机是不同的。大多数生态系统的成员寻求标准来简化共同的任务并与他人互通有无，而网络核心型企业认可标准是为了提高平台的价值和重要性。这种动机上的差异对网络核心型企业和利基型企业具有重要而独特的影响，这决定了它们应该认可的标准种类，并影响它们实施和使用标准的方式。

### 吸引最广泛的用户

从网络核心型企业和其他生态系统成员的角度来看，一个有意义的标准的基本要求是它能吸引尽可能多的用户。对于一个网络核心型企业来说，它希望该标准能够在其平台被普遍采用。这样一来，该标准就成为解决一个共同问题的广泛方法——它促使其他生态系统成员采用一个（特定的）标准化的解决方案。不妨这样想想，从微软的角度来看，每个人都在定义和编写自己的代码来处理结构化的数据，这种情况对其平台的影响力和寿命构成了威胁。微软实际上所寻求的是告诉生态系统成员"你应该使用这种格式，你应该使用我们的 API"。为了达到同样的效果，标准化的解决方案使得微软可以告诉成员"这就是最好的开放格式，我们会让你快速上手并开始使用"。从一个网络核心型企业的角度来看，好的标准在某种意义上就是法律，因为它们满足了这个目标的第一个方面：规定了解决一大类问题的标准方法。

## 使强大的平台与强大的标准相匹配

网络核心型企业支持标准的目的的第二个方面，即确保其他人使用它的平台来实现与标准的一致性，这是通过精心设计支持标准的平台组件和精心选择能够有广泛适用范围的标准来实现的。过于简单的标准，如用于表示数据的 CSV 或以制表符分隔的文本，对平台来说往往是有问题的。这样的标准不仅能力有限，而且实施起来很简单，因此对平台的依赖性不强，容易产生合规性问题。除了标准本身，网络核心型企业还有很多增加价值的方法。丰富的标准有许多微妙之处，有广泛的潜在表现力和细微差别，这就是网络核心型企业通常所追求的。XML 就是一个很好的例子。虽然它代表了对广泛的复杂问题的轻量级解决方案，这使得它的规范相对简单，但它也为这些解决方案的复杂实现创造了可能，并为不同的任务提供了无穷无尽的具体调整的机会（从 XSL 到 SOAP）。这样的标准允许网络核心型企业创造重要的功能来支持它们，并使它们有可能增加大量真正有用的平台组件来提供这种支持。

## 将工具集成到平台中以实现流行标准

这些动机会带来重要的结果。它们强迫网络核心型企业在它们最擅长的事情上竞争：不是捆绑通用解决方案的专有实例，而是构建有效的工具来实现——通过对它们的访问数据进行打包和结构化分析，从而识别并且定义有益的标准来实现。这就建立了一个潜在的双赢局面。像亚马逊（Amazon）、谷歌（Google）或 eBay 这样的公司不能简单地依靠它们的主导地位来确保它们持续成功。它们认识到，它们需要以一种简便的形式向尽可能多的用户提供它们的解决方案。在这样做的过程中，它们希望最终定义各自领域的表达方式，这意味着它们必须专注于这种语言的质量及其所实现的能力。谷歌和亚马逊基于网络服务的工具和 API 不仅扩大了公司的技术范围，而且为不同的搜索或零售公司之间的竞争定义了一个新的领域：它们平台的质量、广度和有效性及其体现的标准。

## 当心失去关键能力

一旦选择了一个标准，各组织就需要不断地意识到标准所体现的重要动态关系。由于标准的复杂性和强力性，网络核心型企业提供了更加抽象意义上的标准以简化实施过程（这对利基型企业和网络核心型企业来说都是好事），其他参与者可能会失去与标准细节的联系。标准变成了一个必须被支持的条件，但平台仍然是其实际实施的通道。例如，越来越多的开发者不是成为 XML 的专家，而是成为用于操作 XML 的平台 API 的专家。因此，这对生态系统的所有参与者来说意义重大。它们基于对所利用的标准结构的理解对平台投资。这些参与者因此能够更好地理解它们制定的标准与平台更加微妙的依赖关系，以及它们所关注产品的价值。

## 联结结构

从根本上说，平台和标准是一个生态系统的联结结构。它们划定了界限，界定了成员之间的关系。它们作为一个框架，让成员分享价值，是网络运作的基础。尽管平台和标准具有很强的力量性和普遍性，然而，我们并不是生活在一个像乐高积木一样的世界里。平台的标准和内部互动不是像积木一样简单堆砌起来，并且生态系统成员之间的合作不是无摩擦的。为了有效地整合不同的能力和组件，仍然需要做出努力，这就是下一章的主题。

# 注释

[1] Visa USA; *The Nilson Report*, no. 780（January 2003）; *The Nilson Report*, no. 756（January 2002）; *The Nilson Report*, no. 759（March 2002）; *The Nilson Report*, no. 760（March 2002）; U. S. Census Bureau, ＜http://www. census. gov/hhes/income/histinc/h05. html＞（accessed 12 December 2002）; "The Trick Is Managing Money," *BusinessWeek*, 6 June 1970; and Irwin Ross, "The Credit Card's Painful Coming-of-Age," *Fortune*, October 1971.

[2] David Evans, "More Than Money: The Development of a Competitive Electronic Payments Industry in the United States," National Economic Research Associates Working Paper, January 2003, 7.

[3] 同上，7-8。

[4] "Carte Blanche Offering Its Credit Card System to Banks on Franchise," *Wall Street Journal*, 7 July 1966; "American Express, Like Rivals, Will Offer Franchises to Banks for Its Credit Cards," *Wall Street Journal*, 15 July 1966.

[5] Evans, "More Than Money," 11.

[6] Joseph Nocera, *A Piece of the Action: How the Middle Class Joined the Money Class*（New York: Simon & Schuster, 1994）, 68.

[7] National BankAmericard 1973 Annual Report, 4.

[8] Dave Pogue, "Survival of the Fittest for Small Software Companies," *New York Times*, 19 September 2002.

[9] 事实上，货币和抽象数字系统的早期历史表明了这种抽象性给人

们带来的困难。因为在引入这种抽象性之前，人们一直使用具体的标志性符号来实现其功能（古代使用不同的泥土符号来表示牛、啤酒等，是一种缺乏抽象性和通用性的标准的例子，而这正是标准的强大之处）。这在特定目的的文件格式与通常更抽象但"非实质性"的标准（如 XML）的比较中有着有趣的相似之处。

［10］网上有许多关于 XML 的优秀信息来源。参见＜http：//www. xml. com＞。

［11］格式之间的转换特别强大，因为它们通常会随着时间的推移产生互操作的能力。文档和数据需要从旧格式转换为当前格式，否则可能无法访问。

［12］实际上，这导致了双输的情况，因为用户输入的数据不能在应用程序间转换。

［13］在微软当前的平台中，XML 无处不在。几乎在任何可以使用结构化信息的地方，都提供了对 XML 的支持。

# 第9章

# 整合、创新和适应

整合是在商业生态系统中竞争的第二个基础。鉴于资产和组织的分散性,整合能力已经成为创新的必要条件。这种能力不仅对普通的设计活动很重要,而且是以重大创新和组织适应为特征的时代的关键能力。

## 从"帝国"到"网络核心"

1999 年 4 月,IBM 宣布与红帽软件公司(Red Hat Software)建立合作关系,从而使 Linux 操作系统成为 IBM 战略的组成部分,这震惊了整个计算机行业。IBM 放弃了其内部研发的传统,将其命运与分散在从印度到芬兰的,由数千名独立程序员开发和维护的操作系统联系在一起。Linux 与传统的 IBM 产品完全不同。它不仅有不同的授权,而且与 IBM 产品在架构、开发、销售、维护等方面存在相当大的差异。Linux 的应用也遵循不同的商业模式。这是一个惊人的转变——曾经被认为是典型的"内部研发帝国"的 IBM，开始整合它的新能力——一个外部完全分散的创新网络。

2000 年 12 月，IBM 宣布将投资 10 亿美元用于 Linux 的开发以及配套产品和服务，再次震惊了行业内的观察家。这些投资加大了 IBM 将 Linux 与其产品和服务整合的力度，确保其与 IBM 的各种硬件和软件平台兼容。IBM 成为 Linux 社群的一个核心。它投资了 Linux 的基础架构，致力于工具和配套技术，为开放源码软件开发了一个高效的企业销售渠道，并通过保证产品质量，为 Linux 操作系统及其应用程序开发公司提供了强有力的支持。

从那时起，IBM 就努力将 Linux 和其他开源技术与它的业务结合起来，涉及的领域从电信到零售。它与开源社群建立了紧密的联系，开发整合创新的合作流程，制定围绕标准架构的决策，并且将以前主要来源于公司外部的各种技术能力内部化。

通过这些决策和投资，IBM 事实上将 Linux 从一个引人入胜的新事物转变为一个领先的企业 IT 平台的基础。这一战略已被证明是相当有效的。IBM 塑造并扩展了一个非常有价值和强大的生态系统。在这个过程中，IBM 利用 Linux 来销售各种集成产品和服务，从 WebSphere 企业软件套件到咨询和支持产品。通过这一演变，IBM 重新奠定了计算机行业的领导地位，和微软一样，IBM 向商业世界提供了领先的计算机应用平台。

# 整合能力

整合能力是一个组织结合内部和外部不同能力并形成影响的能力。这种将新旧能力结合起来的力量影响着各种关键的业务流程，也影响着创新和日常运作。如果说平台提供了构建新产品和服务的基础，那么整合能力成为增加新概念和技术的"黏合剂"。我们首先讨论业务（或商业）网络中整合能力的基础性和重要性，然后讨论商业网络中整合能力的具体性质。

## 商业网络和整合

商业运作并不是孤立的，它展示了在网络环境下整合能力的重要性。关于复杂系统的演变的文献提供了一些耐人寻味的相似之处。这些文献大多研究了松散耦合且往往独立的实体随着时间的推移变得越来越相互依赖和整合的方式。社会性昆虫"超级有机体"是从其独居性祖先生物进化而来。动物和植物的细胞机制从产生菌前体的合成机制进化而来。这些文献强调了这样一个事实：越来越紧密的整合过程创造了一个强大的、稳定的核心，围绕它可以建立新的、松散耦合的实体。[1] 事实上，许多通常被归因于分布式网络的新功能，都依赖于一个松散耦合的商业网络下的紧密集成和不断进化的核心。

例如，蜜蜂群惊人的信息收集和处理能力是以"整合过程"

为前提的，通过这种过程，关键信息在狭小的空间里用一种简单的、固有的语言进行交流。[2] 此外，自由交换信息所需要的合作机制之所以成为可能，是因为那些看起来没有什么关系的生物体往往会具备相近的基因。[3] 我们所欣赏的"独立性"的整个概念在几乎所有展示"群体智能"的自然系统中都是完全不存在的。"自我"的概念只存在于控制集群单元紧密整合的无形力量的层面，而这是我们实际看到的更明显的分布式交互网络的先决条件。

整合往往是一个难以捉摸的概念。我们通常没有意识到，以前独立的组成部分的逐步整合过程造就了自然界大部分的丰富的复杂性和非凡的能力。这主要是因为曾经独立的能力被它们目前的紧密结合掩盖，所以我们甚至常常缺乏将它们作为独立实体来描述的词汇。举一个例子，我们细胞中错综复杂的机制是由大量曾经独立的部分在广泛的范围内整合而成的，从自由生活的细菌（我们现在的线粒体）到自我复制的 RNA 片段（可能是我们遗传机制重要部分的前身）。

尽管将它们作为单独的组成部分进行讨论很困难，但想象一下，如果整合的过程在远古的某个时刻受到阻碍，今天的世界将会是什么样子——特别是作为一个整体的生物系统将会是什么样子，这是很有启发意义的。生命将不再是用化学键储存光能的参天大树，不再是能够建造高耸拱门外形和内在完美空调结构的巢穴，也不再是可以在月球上执行着陆任务的智慧生物（指人类）。生命将仍然是一锅由自我复制的化学碎片组成的大杂烩。因此，作为一个整体，论述进化的文献表明，创造新功能的能力是系统健康的重要衡量标准，而且关键的是，整合的过程是实现这种创新的重要方式。[4]

## 技术整合

论述进化的文献与关于技术整合的商业文献产生了共鸣，后者强调通过整合进行创新的重要性。[5] 技术整合文献认为，在一个生态系统中，产品是各种技术、部件或流程的组合。因此，创新不能与独立的发明相提并论，而是众多不同的发明与现有产品和工艺组件的整合。类似于自然界的进化，这种技术演进的过程产生了资产的紧密结合，使越来越强大的、松散耦合的商业网络成为可能。

以图形计算的商业化为例，这不是在单个的组织内单个的技术发展的结果，而是来自大量不同来源的技术的综合发展。这些发展包括鼠标的发明（可追溯到 20 世纪 60 年代 SRI 的道格拉斯·恩格尔巴特（Douglass Engelbart）），图形用户界面（起源于施乐公司和 SRI 的各种项目），一套关键的应用程序（在施乐、苹果和其他公司开发），以及半导体组件技术的广泛发展（分散在整个行业）。[6] 这些（以及许多其他）单独的发明被整合起来，形成了构成现代个人电脑平台的综合解决方案。个人电脑反过来又使一个广泛的、松散的组织群体（独立软件供应商）产生了大量的相关创新，从财务电子表格到飞行模拟器游戏。

从软件到零售，技术整合的过程提供了商业发展的关键引擎，因为生态系统参与者提供的能力和技术组件被重新组合，以创造不断改进的产品和服务。这个过程对支配主宰型企业至关重要——它们必须不断地将新的资产整合到自己的业务中；对网络核心型企业至关重要——它们需要将最新的技术紧密地整合到自己提供的平台中；对利基型企业至关重要——它们将关键组织和其他技术供应商提供的组件整合到自己的产品中。

当微软在 1996 年决定将 Internet Explorer 3.0（其第一个内部开发的互联网浏览器）变成操作系统组件时，这一决定对于更新其平台和维持其网络核心型战略至关重要。这样，微软的独立软件开发商（ISV），如财捷或欧特克，就可以整合 Internet Explorer 3.0 的组件，使它们的个人应用程序能够上网，迅速将万维网的传播从一个威胁变成一个商业机会。

## 掌握整合的方法

整合不是一个简单的挑战。许多作者都强调，已建立的组织要自我更新并整合新的且与之前根本不同的能力是多么困难。[7] 历史上充斥着技术和商业模式的颠覆式变化导致企业失败的事例。我们自己的许多研究也证实了这一观点。事实上，在过去 10 年对 100 多家公司进行的整合能力研究中，我们看到了巨大的绩效差异。我们看到一些项目致力于非常相似的集成挑战，其

特征是速度和生产力的差异超过两倍。这种差异对企业来说是至
关重要的。在一些案例中，表现最差的项目导致了严重的后果，
如退出行业和公司倒闭。

虽然进行整合是困难的，但对于一个成熟的公司来说，没有
更好的选择。大量的研究表明，在一个复杂的环境中，独自努力
不可能有效地建立大型的、可扩展的企业。[8] 我们迟早要面对整
合的挑战。我们的研究强调整合能力的几个关键驱动因素，它们
贯穿于流程和组织设计。

## 流程

管理理论的一个基本原则是，组织以多种方式反映它们所创
建的系统。[9] 这意味着功能紧密结合的组织将产生紧密结合的系
统，反之亦然。从本质上讲，这意味着组织的整合过程应该与它
的架构约束相匹配。通过使用集中的核心团队，可以最好地完成
跨越不同功能界面子系统的平台设计。相互作用和联结的系统的
设计方案可能将不同的开发社群整合起来。

尽管我们的研究表明，专注的核心团队在设计集成产品方面
可以有很好的成绩，但必须强调的是，管理该团队的过程不应该
使该团队与外部环境隔绝。制定决策所需的知识库比团队自己拥
有的专业能力更加广泛，即使这个知识库包含在平台的核心设计
中。这个知识库越来越分散在公司内部和外部的各种资源中。因
此，有效的整合过程植根于活跃的、广泛的内部和外部信息资
源，并集中力量完成团队工作。

对于网络化行业的管理者来说，最好的消息是，关键技术和运营能力的来源很多，而且很容易得到。当沃尔格林公司必须建立一个新的互联网零售渠道时，无数的企业软件公司和系统集成商都可以提供其所需的资产和能力。即使在最近的技术衰退期，新技术的来源仍然是多种多样的，如果有的话，成熟的公司处于更好的议价地位。因此，公司始终需要一个强有力的流程来评估技术供应商提供的选项，选择最有前途的方案，并通过实施这些方案来发展它们正在进行的业务。

这个技术整合过程的核心目标是将现有的知识与新的知识相融合。这些知识通常嵌入分散在生态系统中的人员和组织中，范围从客户到内部专家，从外部顾问到技术供应商。在诸如半导体和消费品等不同的业务中，最好的整合过程是由一个专门的经理团队领导的——他们具有不同的经验，我们在过去的工作中称之为"整合团队"。[10] 他们的作用是汇集所需的知识库，了解新的可能性将如何影响现有的业务，设计未来业务的架构并推动实施。虽然他们不需要实施所有的活动（事实上应该尽可能多地利用外部的专家），但这个整合团队应该定义解决方案的架构，驱动这个过程，并确保其随着时间的推移保持一致。

这个团队对于整合是至关重要的，因为在分散的生态系统中的分散功能可以提供各种有趣的选项，但不能单独设计系统的集成核心。供应商不能为戴尔公司定义最佳的 IT 架构，也不能决定沃尔格林公司应该如何将其互联网渠道与传统的销售对接。即使在像开放源代码软件社群这样分散的组织中，关于 Linux 核心的决策也集中在以林纳斯·托瓦兹（Linus Torvalds）为代表的一个非常小的架构师小组。这不是一个被动的过程——这个整合团队是任何重大决策的核心，并积极塑造 Linux 的未来。

即使在这种高层次的通用性上，这些关于整合过程的想法对企业也有深刻的影响。首先，它们意味着一个公司（遵循本书所述的任何战略）不应该把有关整合的关键决策留给外部参与者。这也意味着一个组织应该获得并保留做出这些决定所需的人员。我们经常看到一些公司在削减成本的过程中，放走了那些了解其供应链或零售系统实际运作的关键人才。用福特汽车公司一位高管的话说：“在过去的成本削减工作中，我们已经放走了许多了解我们供应链系统的人，以至于我们不再拥有了解整个系统如何运作所需的强大能力。”[11] 因此，公司不要错误地破坏系统和能力的关键知识，这一点至关重要。随着商业环境变得更加分散，更多的外部资产可以被利用，对这些外部资产如何影响当前运营的知识的理解比以前更加重要，也更加复杂。

## 组织

维持和发展整合能力的相关知识深刻影响着创新和运营的结构。传统观点认为，已建立的业务往往充满惰性，创新通常在自治组织中蓬勃发展。[12] 遵循这些观点，管理者已经找到一些方法，当一个成熟的公司面临颠覆性的技术或商业威胁时，创建基本自主的团体来促进创新。即将公司进行“分拆”，建立一个独立的外部公司实体，通常由额外的风险资本支持，这在互联网泡沫时期特别流行。

　　表 9－1 展示了一个公司如何持续行动，设计出一个将新能力整合到其已建立的业务的模式，并标注了一些整合的影响。当我们从传统的研发形式走向越来越独立的组织形式时，关键是不要忽视越来越困难的整合挑战。这些挑战可能是致命的，正如我们的研究表明的（见图 9－1）。从 1997—2001 年为响应互联网发展而进行分拆的 30 个主要样本中，没有一个是作为正常运作的自主单位留下的，大多数组织都被重新整合了，那些不能与母体结合的组织（由于持久的结构或组织差异）被关闭了。

表 9－1　管理重大技术转型的持续行动

| 方法类型 | 方法特征 | 举例 | 整合的启示 |
|---|---|---|---|
| 独立开发 | 与原公司唯一的关系是投资 | 投资于凯鹏华盈（Kleiner）的 Java 基金 | 如果最终目标是整合，则不建议，因为能力和激励完全与母公司分离 |
| 合资或联营 | 独立，但发起公司拥有部分资产 | Covisint，全球零售交易所 | 从一开始就为整合创建计划和能力，以抵消能力和激励方面的差异。准备面对重大的整合挑战 |
| 设立自治的组织 | 自治公司或全资子公司。虽然是原公司的一部分，但这家公司的设计宗旨是最大限度地保持独立性 | 战略业务部门，CVS.com | 从一开始就为整合创建计划和能力，以抵消能力和激励方面的差异。准备面对重大的整合挑战 |

续表

| 方法类型 | 方法特征 | 举例 | 整合的启示 |
|---|---|---|---|
| 内部设立分部 | 将业务与自己的损益表责任分开，鼓励在适当的时候利用现有的基础设施 | e-Schwab | 与现有资产和能力方面的专家进行种子业务，并与母公司保持密切联系。在选择的关键领域中创建早期的整合计划和期望 |
| 整合团队 | 虽然整个产品开发团队不是开的，但它是由一个强大的专门的整合团队领导的，拥有系统并将产品整合在一起 | 美林，沃尔格林 | 整合团队由新旧能力方面的专家组成。推动团队创新，摆脱现有的约束，但也要有选择地整合关键的现有资产 |
| 传统的研发形式 | 产品开发工作严格地在功能范围内进行，在功能子单元之间进行最轻量级的协调 | 贝尔实验室（Bell Laboratories），施乐帕克研究中心（PARC） | 不推荐。对于分散的研发组织来说，专注于主要的架构或破坏性更改通常是非常具有挑战性的 |

　　这些分析给我们留下了一个重大的挑战。毫无疑问，在面临重大的技术或商业威胁时，管理创新工作是困难的，建立一个独立自主的组织可以帮助我们提高执行效率，特别是在工作的早期阶段。然而，最终的目标总是将新的能力与现有的资产相结合。

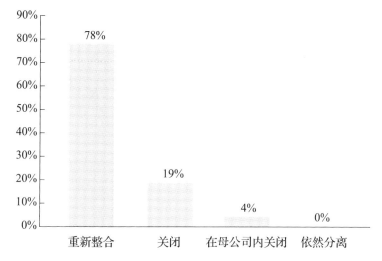

**图 9-1　现有企业的电子商务风险投资的绩效**

说明：通过搜索 Forrester，ABI/Inform，PROMT 和 Dow Jones Interactive 数据库，我们找到了由领先的实体公司发起的 30 个外部风险投资的样本，其中 78% 随后被重新整合（通常伴随着巨大的整合成本和普遍的混乱），剩下的 22% 被关闭。截至 2002 年 4 月，样本中的所有企业都已倒闭。

# 采取行动

下面的例子强调了在进行整合时的一些关键经验。思科的例子说明了内部的努力，而嘉信理财的例子则描述了一个更独立的企业。

## 思科的整合

思科公司在一个高度动荡和创新的环境中实现了持续增长。

尽管思科是世界上技术最先进的企业之一，但是思科传统上并不强调内部研发，而是采取整合各种外部资源的创新战略。这些能力使该公司在技术和商业驱动力的各种颠覆性变革（从万维网的采用到互联网泡沫的破灭）中保持领先地位。尽管如第 3 章所述，该公司因其生态系统的大部分崩溃而受到伤害，但还是重新以领导地位出现在商业世界。

　　思科历来强调运营和产品开发的一体化。它的运营模式利用供应商和渠道合作伙伴的分布式社群的资产（类似于第 8 章讨论的戴尔模式），使它能够实现行业中最高的人均销售额。这些组织通过一个复杂的信息技术平台联系在一起，共享市场信息以提高网络的集体预测能力。

　　思科还在收购和产品开发过程中强调整合能力。它的产品开发过程建立在五个基础之上：（1）对小型创新团队的授权和执行文化；（2）关于项目理由、承诺和资源配置的明确决定（被称为"承诺过程"）；（3）清晰、灵活的技术整合和产品开发过程（被称为"GEM"，即伟大的工程方法）；（4）拥有一支经验丰富的架构师和工程师队伍，并有多种产品出货的记录；（5）积极开放的技术开发合作方式。

　　这些基础使思科能够利用各种内部和外部技术来振兴和扩大其产品系列。

　　在思科的整合方法中，一个不太为人所知的例子是它对有线电视设备行业的革新。这项工作由卡森·陈（Carson Chen）领导，他长期担任思科的工程经理，以前负责开发思科最成功的一些核心路由器。休假归来后，陈正在寻找新的参与方式，并获得了领导一个小团队的机会，该团队将调研思科进入有线电视设备市场的可行性。该团队对目前的市场进行了调查。摩托罗拉（Motorola）主导了该市场，拥有超过 70％ 的市场份额。当时，设备市场是垂直整合的，安装在有线电视服务提供商站点的电缆调制解调器终端系统（CMTS）和部署在消费者家庭的电缆调制解调器之间有专有标准。陈的团队感觉到，在 CMTS 和电缆调制解调器之间的一个开放协议可以彻底改变这个行业。在 CMTS 和调制解调器之间的开放协议将使这两个系统脱钩，并使一系列不同的调制解调器能够与同一个 CMTS 互操作，这将为大幅降低成本和提高性能提供可能，并为思科成为主导平台创造机会。从本质上讲，这种架构创新的效果类似于计算模式的转变，即从带有专用软件和终端的大型机转变为带有开放接口的个人电脑，使各种硬件能够与各种软件互操作。

陈的团队聚集了力量，并受到了一份由电缆工业标准协会赞助的白皮书的极大影响——该白皮书描述了如何设计一个标准接口，团队立即去实现这个想法。然而，该团队仍然不满足于他们的方法，他们安排了与有线电视行业中每个主要服务提供商的首席技术官（CTO）的会议。首席技术官们进一步验证了这个想法，并对思科提出的实施方案提供了大量的反馈。

为了最大限度地提高工作的速度和效率，陈的团队在新产品的设计中整合了一些传统的思科技术和组件。这些技术从思科传统路由器业务开始。思科利用微处理器卡、接口卡和软件这些现有技术极大地提高了设计和开发有线电视产品的速度。然而，思科在设计射频元件方面没有能力或经验，而射频元器件对建立有线电视服务提供商的网络至关重要，因此它立即寻求与其他组织的合作。在经历了详尽的合作伙伴评估后，卡森·陈承诺与博通和 ESP 建立密切的合作关系。在解决了最初关于知识产权的常见争论后，合作开始了，在整个工作期间，陈的团队每周都与博通和 ESP 的同行会面。

经过六个月的紧张开发工作，陈的团队创建了一个原型，并向最初被询问的同一组首席技术官展示，再次收到了大量的反馈意见，系统的设计工作进一步开展。又六个月后，随着思科在这一垂直市场加强其专门的销售队伍，该系统被提供给各种有线电视服务提供商。思科的销售机器开始工作，三个季度后，该公司的产品出货量达到了数亿美元，获得了 65％以上的市场份额。这不仅确立了思科在这一领域的领导者地位，而且这些产品与思科的传统业务结合起来，为新产品和服务创造了巨大的机会。

## 嘉信理财的整合

嘉信理财进军在线交易的故事是众所周知的。为了聚焦并促进新业务的积极增长，e-Schwab 成为一个独立单位，直接向嘉信理财联合首席执行官戴维·波特拉克（David Pottruck）报告。这使得 e-Schwab 能够完全专注于与 E* Trade 和 Ameritrade 的激烈竞争，即使这意味着从嘉信理财的传统零售证券经纪业务中夺走客户。

不为人知的是，e-Schwab 利用嘉信理财各种传统的专业知识、能力和系统，在保持灵活性的同时最大限度地进行整合。[13]
e-Schwab 的高管们使用了一个简单的规则：只有在绝对必要时
才改变现有计划，以确保解决关键问题。因此，e-Schwab 由来
自嘉信理财传统零售机构的一位备受尊敬的高级管理人员领导，
并由经验丰富的嘉信理财经理、IT 架构师与新聘人员和顾问并肩
工作。它的后台技术平台被设计成与嘉信理财的传统 IT 系统集成。
互联网交易基本上成为公司传统交易系统的一个不同的前端，并与
其他现有的在线渠道和基于 PC 的应用程序（如财捷、MSN 和嘉信
理财自己的 Streetsmart）整合。此外，随着 e-Schwab 的发展，该团
队保证不疏远传统零售业务的人员。来自 e-Schwab 的经理定期与他
们在传统组织中的同事会面以解决问题。他们之所以能够这样做，
是因为他们认识并熟悉对方，在嘉信理财的传统业务中共事多年。

这些整合决定对 e-Schwab 有深刻的影响，包括对定价模式
和系统架构的限制。整合使 e-Schwab 立即利用公司的传统资产
（如后端交易系统、品牌）和能力（如可扩展的 IT 架构、交易系
统设计）战胜了竞争对手。这一战略是成功的，到 1998 年 1 月
初，e-Schwab 是美国最成功的在线经纪商，拥有 120 万在线账
户（是该行业第二大竞争对手的 3.5 倍）。

## 实施有效的整合过程

我们刚刚讨论了在电信设备和金融服务等不同环境中的两家

公司。尽管存在差异，但这些公司的整合过程与我们研究中所考察的许多其他例子都有重要的相似之处。

## 领导力的影响

无数的实践者和学者都强调了领导力和领导团队对创新工作成功的重要作用。[14] 许多人认为，一个强大的领导团队，汇集了不同的观点和经验，对于管理技术创新至关重要。正如这些例子所表明的，领导力在个人创新团队的层面上也是至关重要的，领导者可以激励、保护和凝聚团队，通过组织惯性管理面临的复杂挑战。

### 利用对内部和外部领域的深入了解

整合过程的有效性取决于一个组织获得的有关技术、市场和客户的信息的质量。我们看到，在思科项目中，陈与他的新客户群体进行了频繁的接触。这个项目在很多方面都是思科与其未来的客户和供应商之间共同努力的结果。在项目实施过程中，团队从客户和供应商那里及时获得了高质量的反馈。开发工程师还被要求进行广泛的竞争分析，并掌握所有竞争对手产品的最新功能和特点。广泛的内部反馈与更谨慎的外部测试相结合，加上及时的市场反馈，降低了不完美的早期产品对公司声誉损害的风险。

### 边设计边实施，但不要牺牲架构

为了达到更好的效果，客户和市场知识必须迅速转化为关于技术、产品和运营要求的决策。思科和嘉信理财的项目都对开发周期内的变化做出了迅速反应。等到所有主要的设计问题都解决后再开始实施是没有什么意义的——它们永远不会被完全解决。因此，在项目实施过程中也会涉及大量的设计工作。尽管设计和实施是重叠的，但在获得强大的实施动力之前，仔细地定义一个强大的架构是很重要的。围绕产品核心界面，设计产品核心架构，以尽量减少项目实施期间不确定性的影响，对项目的成功至关重要。

思科和嘉信理财的项目都很好地说明了这一点。项目的早期阶段包括花时间评估技术选择和做出关键的架构设计决定。一旦真正开始实施，项目团队就要在既定的架构内工作，并对市场需求和技术基础的变化做出反应。

## 结合实验和经验

良好的决策是建立在知识之上的，而知识是通过实验产生的，主要是通过经验积累。在目前大多数的工业环境中，巨大的变化导致知识迅速更新，并使实验成为所有整合努力的核心。我们看到在每一个被研究的项目中，都强调在早期建立一个工作系统模型或原型。这有助于定义和完善系统的背景和功能，确保两者之间更好地匹配。这是一个重要的里程碑，因为它为开发过程设定了优先次序，创造了一个用户反馈的工具，并允许一些最重要的问题首先被解决。原型并不是具备完整功能的产品，但它必须反映产品的本质，即如何解决用户何种痛点。

在过去的十年中，复杂的原型设计和实验能力在许多产品开发环境中已经从一个差异化因素变成了一个必须具备的条件。然而，在实施运营变革时，许多组织仍然把原型设计当作事后的考虑。运营经理必须明白，设计一个运营程序，一个新的零售平台，或一个改进的供应链系统，具有与许多产品开发一样多的不确定性和复杂性。原型设计和实验应该是这项工作的前沿和中心。[15]

作为项目的脉搏，原型被用于将技术整合到实际的产品中（至少是个概念模型）。原型对于发现系统各部分之间的相互作用至关重要。一旦基本功能通过测试，原型就为增加新的功能或改进提供了一个基准。

然而，实验不能解决所有问题。当我们向无数公司的经理询问对一个成功的集成项目来说最关键的因素时，他们一致指向软件工程师和经理的经验。他们的经验被认为是指导实验的关键，在公司运营环境和外部生态系统的复杂性环境中为他们导航。对于像利丰这样的百年老店和雅虎这样的新公司来说，都是如此。正如雅虎的一位经理所说："经验是至关重要的。它是唯一能让你看到整个系统如何运作的东西。随着项目的发展，做出正确的权衡是至关重要的。"[16]

## 整合和适应性

归根结底，整合是很重要的，因为它代表了一个成熟组织更新的典型机会，正如本章前面 IBM 和 Linux 的例子所示。我们现在介绍另外两个例子，分别来自投资银行业和家电行业，进一步说明这一点。这些例子表明，创新的关键挑战不在于只管理一个研究实验室，而在于从整个生态系统中获取新的能力，并利用它们来改变公司。

## 美林证券：整合与适应性

当互联网爆发时，许多人认为在线交易的出现是对美林公司的一个严重挑战。[17] 原因有很多，其中最重要的是，美林公司在私人客户经纪业务方面的传统成功模式是由其 1.4 万名付费财务顾问构成的，他们对客户（达到 500 多万户）的接触和了解是公司的核心资产。这些顾问的工资有 65％ 来自交易佣金，如果在线交易兴起，他们的报酬会发生怎样的变化，人们对此有很多担忧。更广泛地说，在线交易被认为是对美林的高度颠覆，改变了其商业模式和技术架构。

1998 年中期，美林公司副董事长兼私人客户部负责人劳尼·斯特芬斯（Launny Steffens）召集了两个特别小组来研究这个问题。经过短暂的分析和激烈辩论，并且考虑了美林传统客户和外部顾问的意见，特别小组提出建议：美林必须改变其 IT 基础设施和商业模式。技术基础和定价结构都必须改变，而且是以一种激进的方式。

尽管财务咨询模式是公司的重要资产，但它对美林来说一直是个问题，造成了许多激励问题，且在传统上很难改变。然而，当 E* Trade 和嘉信理财等组织严重威胁到美林的业务时，管理层有机会进行根本上的变革。问题是要弄清楚应该如何进行变革。一些人认为，改变现有的组织结构实在是太有挑战性了，他们极力主张建立一个高度自治的外部在线企业，与传统的交易业务直接竞争。其他人则认为，一个自主的企业难以进行大范围的变革。美林的核心组织要想发展，变革应该在其传统的交易业务中进行。

争论在 1998 年底得到解决，斯蒂芬斯承诺改变现有组织。美林决定直接解决这些问题。它在现有的业务范围内推出了一个在线渠道，并将这些变化作为一个机会，从根本上重塑组织。为此，美林利用各种外部顾问，他们帮助制定战略和重新设计薪酬制度。此外，美林还利用关键的外部技术资产，包括微软的平台和编程组件，这对重新设计美林的 IT 基础设施的架构很有帮助。

这些努力得到了回报，美林发布了两项产品——Unlimited Advantage（无限优势）和 Web-based Merrill Direct（基于网络直接交易）。这两种产品都利用了美林的传统能力和客户群，并被定位为与公司现有业务和 IT 基础设施相结合的产品。它们为新老客户提供了完整的交易和资产管理的综合选择菜单。这些产品非常成功，并中和了美林的新晋竞争对手所获得的优势。也许从长远来看更重要的是，这些努力改变了美林的许多传统业务方式，包括传统的经纪人报酬结构。该战略得到董事长戴维·科曼斯基（David Komansky）的热情支持，并由劳尼·斯蒂芬斯这位工作出色的负责人领导。通过利用跨服务和产品线的深度整合，自 1999 年第四季度以来，美林每个月的销售额都超过其在线竞争对手。美林公司在其核心部分接受了互联网和新的运营原则，并使其中的一个最传统的运营业务发生改变。

美林的故事说明，管理技术变革的有效性应以影响程度而非速度来判断。美林公司本可以绕过其传统能力而更快地采取行动，但这一决定将大大降低其创新的影响。对于一个成熟的公司来说，影响通常是通过将新的能力与传统的能力相结合，以及将外部资产与内部资产相结合来实现的。尽管现代产业环境充满变化，但现实是，没有任何创新会革命性到使所有现有资产变得不相干。现有企业可以通过现有渠道销售新的创新产品，通过新启用的渠道销售旧产品，在现有生产线上生产颠覆性产品，在新的业务线上利用现有的供应链关系，利用新渠道接触老客户，并利用现有服务网络为新客户服务。即使改变了技术基础设施和商业模式，美林的传统资产仍然具有巨大的价值。

即使在高度变化的环境下，商业生态系统的创新在本质上也是关于整合和适应。整合能力可以把新的和旧的能力、内部和外部的资产拉到一起，并通过把以前不相干的元素联系起来，不断发展和扩大企业在其生态系统中的作用。没有（或不能）将新技术与现有资产整合的公司将处于巨大的不利地位。它们不仅在将新技术转化为可观的业务方面需要更长的时间，而且将错过自我更新的关键机会。

调整现有组织以利用新的技术和商业模式并不是一个简单的过程，但只要存在正确的整合能力，技术变革就能带来巨大的组织变革。最好的措施是与企业的伙伴去拥抱新的科技，将新科技内部化，并且利用它们去改变现在的商业模式，就像美林、沃尔格林、嘉信理财和利丰等公司利用互联网的威胁来振兴它们的传统业务。在这样做的过程中，这些公司利用其财务实力、运营能力、技术技能和营销关系来压倒初创企业和其他竞争对手。

## 梅洛尼：通过网络化创新实现进化

威胁可能是一个直接且方便的动机，但不是组织进化的先决条件。坐落在意大利马尔凯地区起伏的山丘和山谷之间的美丽的小镇法布里亚诺是梅洛尼·埃尔多（Merloni Eldo）的总部。这是一家市值 50 亿美元的家用电器制造商。梅洛尼每年为各种品牌生产超过 2 000 万件主要电器，按收入计算，梅洛尼位居欧洲三大电器制造商之列。在某些方面，梅洛尼可以被认为是一家传统公司，它的许多经理已经在公司工作了很多年，大多数人穿着夹克，打着领带上班，并对总裁维托里奥·梅洛尼（Vittorio Merloni）表现出极大的敬意和尊重。公司创始人阿里斯蒂德（Aristide）在 20 世纪 60 年代中期创办了这家公司，维托里奥是他的儿子。

在维托里奥·梅洛尼和公司 35 岁的首席执行官安德里亚·奎拉（Andrea Guerra）的领导下，梅洛尼在过去五年中取得了巨大的进步，成为欧洲整个行业中最赚钱的公司，在最近的市场低迷期，其市值翻了一番还多。梅洛尼的秘密是创新。在一个非常传统和成熟的行业的中心，梅洛尼通过寻找并利用其创新网络的能力，使其内部的创造力和对电器的理解发挥到极致而大获成功。

20 世纪 90 年代中期，梅洛尼重塑了其创新方法。它首先重新设计了开发和生产流程。它并没有建立一个集中的研发中心，而是激励少数集中的产品开发团队，在其四个业务领域中的每一个领域创建一个灵活的产品平台：洗衣机、洗碗机、冰箱和灶具。它们的任务是减少产品线和生产过程的复杂性，并创建一个框架，以整合来自选定的主要全球供应商的技术。它们在世界各地寻找有趣的技术合作伙伴，从 IDEO 等创意设计公司到摩托罗拉和日本电器公司（NEC）等电子供应商。与其他世界级的创新者合作，激发了梅洛尼工程师的创造力，他们创造出一些新方法来设计和生产他们的产品。

这个过程源源不断地产生了成功的新产品。例如，梅洛尼是东亚以外第一家推出带有"模糊逻辑"控制系统的洗衣机的家电公司，它能够设计出非常简单但功能强大的客户界面，在市场上获得了巨大成功。它还推出了各种探索性产品，从莱昂纳多厨房电器到家电网络系统。除了专注于创新的客户功能，梅洛尼还利用其新兴的电子技术能力，在生产和服务流程中实施成本削减计划。到 2004 年，它是该行业中第一家在其大部分产品中部署了基于标准操作系统的软件平台的公司，在采购、制造和服务方面节省了大量的成本。它一半以上的库存量（SKU）是由新产品组成的。这对一个传统行业的公司来说并不坏，该公司曾被告诫，新兴的家电数字化将威胁传统业务。

梅洛尼的例子说明了一个组织如何促进组织进化和实现差异

化。尽管规模庞大，但梅洛尼作为一个灵活的利基市场参与者参与竞争，并通过不断推动其领域内的消费者价值、技术、产品和服务创新来实现自我差异化。为了做到这一点，它建立了一个创新引擎，利用各种外部资产，从软件平台到咨询服务。

像梅洛尼这样的网络化创新战略是建立在整合平台和其他由不同生态系统参与者提供的互补性资产之上的。在一个健康的生态系统中，平台将继续发展并随着时间的推移提供越来越多的功能。这将不断扩大其他公司的可能性范围，为创新和差异化提供新的机会，反过来，新公司和老公司可以通过整合平台资产与内部能力来实现这些机会。

这些战略可以成为一种强大的更新机制。梅洛尼利用了一些外部参与者（从摩托罗拉到旭电（Solectron））提供的各种平台，这些平台不断发展，不断提供创新的机会。例如，微处理器和存储器平台的成本迅速下降，为在诸如家电用户界面和家电服务网络等不同领域进行重大创新提供了机会。

当然，网络化创新战略并非没有风险。利基型企业最大的挑战是发现自己处在一个以薄弱平台为特征的生态系统中，或者处在平台受到某种威胁的环境中。当平台受到威胁时，利基型企业通常会受到伤害。当日立分拆其微控制器集团时，梅洛尼发现自己受到威胁，不得不实施昂贵的合作伙伴转换。在另一个环境中，太阳微系统公司目前的财务疲软已经成为对大量依赖太阳微系统公司控制的 Java 编程框架的技术公司、IT 部门、ISV、转售商和技术提供商的真正威胁。

　　因此，执行网络化创新战略的组织应该密切关注它们所利用的平台的健康状况，并努力减少依赖性。只要有可能，它们就应该考虑使用多个平台，或者至少在设计产品时尽量减少转换平台的成本和时间。例如，近年来，财捷公司开发了复杂的内部方法，以确保其创建的应用程序能够在多个平台上无缝运行。只要有可能，该公司就会利用各种外部工具和编程框架，但它也确保其产品的设计能够从一个平台快速迁移到另一个平台。

## 伟大的平衡者

　　尽管掌握整合能力是具有挑战性的，但生态系统提供了一个巨大的平衡器。任何公司，无论它位于意大利的法布里亚诺还是纽约的阿蒙克，都可以进入巨大的知识和物质资产市场。这些资产可以而且应该被用来不断更新组织能力，其最终的影响对成熟的公司来说是相当重要的。从本质上讲，它们重塑了创新的挑战。创新不是基础性的发现，而是关于利用生态系统将现有的能力与新的机会结合起来的艺术。做好这一点是架构和整合的功能，也是市场设计和运营的功能，这是下一章的主题。

### 注释

　　[1] 关于社会性昆虫的进化见如下例子：E. O. Wilson, *The Insect Societies* (Cambridge, MA：Harvard University Press, 1971). For the evolu-

tion of cells，see C. De Duv，"The Birth of Complex Cells" *Scientific American*，April 1996，50-57.

［2］T. D. Seeley，*The Wisdom of the Hive*（Cambridge，MA：Belknap Press，1996）.

［3］E. O. Wilson，*Consilience*（New York：Knopf，1998）.

［4］事实上，一些作者认为，整合过程可能是生物进化的一个重要且未被重视的驱动力——至少与突变一样重要。见 Lynn Margulis and Dorion Sagan，*Acquiring Genomes：A Theory of the Origins of Species*（New York：Basic Books，2002）. 这一思路与我们在这里关于商业背景下整合和创新的相对重要性的论点有着耐人寻味的相似之处。

［5］M. Iansiti，*Technology Integration：Making Critical Choices in a Dynamic World*（Boston：Harvard Business School Press，1998）；R. M. Henderson and K. B. Clark，"Architectural Innovation：The Reconfiguration of Existing Product Technologies and the Failure of Established Firms," *Administrative Science Quarterly* 35（1990）：9-30；and Clayton M. Christensen and Richard Rosenbloom，"Explaining the Attacker's Advantage：Technological Paradigms，Organizational Dynamics，and the Value Network," *Research Policy* 24（1995）：233-257.

［6］SRI International，"The Beginning of the Global Computer Revolution," SRI Timeline Web page，＜http://www. sri. com/technology/mouse. html＞（2002）；Xerox PARC，"PARC's Legacy," Xerox PARC Web page，＜http://www. parc. xerox. com/history. html＞；Apple Corporation，"Apple History,"＜http://www. apple-history. com/history. html＞.（2002 年 4 月 1 日搜索。）

［7］Henderson and Clark，"Architectural Innovation".

［8］ George Westerman，"Innovating While Integrating"（Ph. D. diss. ，Harvard Business School，2002）.

［9］ Henderson and Clark，"Architectural Innovation"；Iansiti，*Technology Integration*.

［10］ Iansiti，*Technology Integration*.

［11］ Interview with Joe Hinrichs，Director of Logistics，Ford Motor Company，5 March 2003.

［12］ Clayton M. Christensen，*The Innovator's Dilemma：When New Technologies Cause Great Firms to Fail*（Boston：Harvard Business School Press，1997）.

［13］ Westerman，"Innovating While Integrating".

［14］ M. L. Tushman and C. O'Reilly，*Winning Through Innovation：A Practical Guide to Leading Organizational Change and Renewal*（Boston：Harvard Business School Press，1997）.

［15］ Stefan Thomke's *Experimentation Matters：Unlocking the Potential of New Technologies for Innovation*（Boston：Harvard Business School Press，2002）dis-cusses this important topic in great detail.

［16］ Interview with Tim Brady，Chief Product Officer，Yahoo!，15 March 1997.

［17］ 这个例子是从沃伦·麦克法兰的工作中总结得出的。"Merrill Lynch：Integrated Choice（Abridged），" Case 9-301-081（Boston：Harvard Business School，2003）；and M. Iansiti，F. M. McFarlan，and G. Westerman，"The Incumbent's Advantage，"*MIT Sloan Man-agement Review* 44，no. 4（2003）：58-64.

# 第 10 章

# 市场设计、运营和竞争

商业生态系统的出现意味着我们的经济很大一部分正在被市场交易推动,而且这一部分的占比越来越大。因此,设计和管理复杂市场已经成为所有企业运营过程中的一个关键挑战,同时也是企业在网络环境下竞争取得成功的基础之一。

## 市场的失败

我们不太可能获取一个很准确的数字,但可以确定的是1996—2000 年大概率诞生了成千上万个新兴的网络市场。这些由互联网支撑的市场提供包括售卖私人飞机、遛狗服务以及介于这两者之间的一切交易。各行各业,包括宠物网公司(Pet. com)和通用汽车公司(General Motors),都成立了这类从事互联网交易的公司,它们当中很多曾一度被华尔街看好。但截至 2003 年 1 月,它们之中只有很少一部分仍在正常运营。对于市场在商业生态系统中的核心作用已无须赘述，但人们对其令人难以捉摸的动态变化仍知之甚少。

## 市场和市场运营的复杂性

不仅仅是从事简单的服务和售卖简单的商品的企业，实际上，各行各业，从软件业到大众传媒，从银行业到能源企业，都越来越多地运用市场来开展诸如创新和分销等不同的运营活动。其中，有些市场看起来像是传统的市场，比如从事商品交易的邦奇有限公司（Bunge Ltd.）在管理其广泛的农业企业供应链时就使用了常规市场模式，但有些市场则不尽然，比如微软的操作系统就有效地形成了复杂的市场，使之能够协调其商业生态系统中许多领域之间的交易，其中涉及的比较重要的参与者包括消费者、开发者、技术供应商和系统集成商。以微软为核心的商业生态系统能否提供满足其用户需求的健康多样的应用软件和硬件配置，取决于微软能否对这些市场关系进行有效的管理。

商业生态系统中的大部分企业依赖于各类日益复杂的市场，并将其作为企业运营的必要条件。企业的大多数核心战略都涉及对一个或者多个市场的设计和运营，大多数利基型企业也把各种市场关系视为其经营环境中必不可少的部分。梅洛尼公司利用一个开源的平台去经营它所有的高端电子产品。该公司的案例表明，复杂的市场机制决定了梅洛尼公司的产品设计需要什么样的硬件与软件组合，而能否理解和把握这些复杂的市场机制，则成为企业竞争成功与否的一个关键因素。

这样看来，理解和把握复杂的市场动力机制的责任不应再只由企业财务部门和营销部门承担。对所有经营活动来说，不管是从供应链到分销，还是从研发到产品设计，市场管理都非常重要。事实表明，对各类企业来讲，不管企业规模如何（是大企业还是小企业），设计并管理一个有效的市场都是一件相当困难的事情。尽管分布式信息技术的出现为组建大型社群创造了更多的条件，但复杂的市场运作背后的许多原理通常源于传统的、成熟的业务领域，其中包括从约会服务到信用卡服务、从服装分销到证券交易等各种各样的领域。对企业来说，是时候花时间去总结所学到的经验教训了。这些经验教训无论是对直接运营网络型市场的企业还是对仅依赖市场来开展业务活动的企业都非常重要。

本章重点关注这些复杂的市场动力机制，讨论与有效设计和管理市场相关的技术、流程和制度设计的基本原理。我们将从新型企业和传统企业中吸取有益的经验教训，同时从经济学和管理学中获取相关理论知识。在研究不同类型的行业和企业的过程中，比如从操作系统到能源交易，从安然公司到 eBay 公司，我们发现其中既有成功的典范，也不乏惨痛失败的案例。在本章中，我们将调查研究其中涉及的众多关键因素，例如为了吸引不同参与群体制定的定价策略和为了将这些参与者联结起来所必需的技术和经营能力等。

# 多边市场

处于商业生态系统中的市场需要协调各方的活动和利益，通常比传统的市场要更加复杂。传统市场相对简单，因为它仅仅连接了买方和卖方这两个群体。比如一个传统的蔬菜市场连接了买卖双方，分别是蔬菜消费者和蔬菜供应商。微软、eBay、美国运通和安然则不同，这些组织管理的市场最近开始被经济学家称为"多边市场"（N-sided markets）。所谓多边市场，是指将两个或者两个以上完全不同的客户群体与卖方群体连接起来的市场。[1] Visa 就是一个典型例子：Visa 信用卡将零售商、银行和消费者等不同群体联结在一个市场当中，当上述这些群体都存在于这个市场中，且这些群体的业务量水平达到了临界值（有足够大的数量），能够去购买或者提供这个集成化系统所需的服务时，这个市场才能正常运转。在传统市场中，每增加一位客户就会相应增加其价值，但在多边市场中则不同。在 Visa 信用卡的例子里，持卡人的数量如果达不到盈亏临界点，那对零售商来说就没有价值。同样，如果参与该系统的零售商数量太少，那么 Visa 信用卡也无法为持卡人提供任何价值。

多边市场规模巨大且普遍存在，涉及能源交易系统、金融交易环境和 B2B 之间的交易市场（如表 10－1 所示）。除此之外，

表 10－1　多边市场示例：营收来源与收费不对称性

| 行业 | 平台 | 第一方 | 第二方 | 收费较少方 | 营收来源 |
|---|---|---|---|---|---|
| 房地产 | 住宅物业经纪 | 买家 | 卖家 | 第一方 | 房产中介的收入来源主要是销售佣金 |
|  | 公寓租赁经纪 | 租客 | 所有者/房东 | 通常为第一方 | 公寓租赁顾问向提供找公寓服务的公司一旦为房东找到房客，其全部的收入来自公寓的出租人 |
| 媒体 | 报纸杂志 | 读者 | 广告商 | 第一方 | 报纸收入的80%来源于广告商 |
|  | 网络电视 | 电视观众 | 广告商 | 第一方 | 比如，福克斯（Fox）新闻网一半的收入来自广告商 |
|  | 门户网站与网页 | 网站浏览者 | 广告商 | 第一方 | 一般门户网站稍微超过一半的收入来源于广告。广告收入一般占所有网页总收入的10% |
| 软件 | 操作系统 | 应用使用者 | 应用开发者 | 第二方 | 比如，对终端使用者授权软件包的收入占微软总营收的至少67% |
|  | 电子游戏主机 | 游戏玩家 | 游戏开发者 | 都不是，两者都是平台重要的获利来源 | 对终端使用者的游戏销售收入以及授权给第三方游戏开发者的收入都是游戏主机制造商重要的营收来源 |
| 信用卡系统 | 信用卡 | 持卡人 | 商家 | 第一方 | 比如，对商户的收费占美国运通公司2001年总收入的82% |

多边市场还包括像 IBM、微软、奔迈（Palm）和太阳微系统等互联网技术平台。这些平台之所以也被归类为多边市场，是因为它们必须吸引成千上万的应用开发商和技术供应商，才能向用户提供有用的产品。与前文中提到的信用卡的例子类似，只有各类群体都参与到这个系统，且各类群体的数量达到盈亏临界点，这个系统才能正常运转。甚至像利丰这样的贸易公司，都归为了多边市场。为了提供像盖璞（Gap）这样的大型服装零售商现在需要的那种综合供应链服务，利丰吸引了大量的买方和卖方群体（总共超过 8 000 家企业和 100 万员工）。多边市场在商业生态系统中是非常普遍的，因为每个企业都需要依赖众多不同领域的其他企业来完成其经营活动。

相较于传统的市场体系，多边市场更为复杂。管理多边市场的组织必须能够从容应对挑战，那就是做到同时吸引和维持住市场中众多不同的参与群体。对 Linux 系统而言，要在企业环境中成功运行，它需要与其利益相关各方，包括技术提供商、应用软件开发商、服务供应商、系统集成商以及客户企业的信息技术部门，全部达到盈亏临界点。如果没有 IBM 在早期的全力支持，没有其明智的战略和来源广泛的投资，Linux 不可能取得成功，而要继续保持 Linux 系统的成功运营，上述提及的利益相关各方都需要得到持续的保护、培育和发展。

与很多创业者和企业家预期不同的是，过去几年的经验表明，建立和拓展这类复杂市场并非易事。单纯依靠网络效应并不足以使市场自发地走向成功。复杂市场的成功，是持续的投资和其深厚的运营能力综合作用的结果。这类市场区别于简单、被动的交易中枢，比如芝加哥期货交易所（Chicago Board of Trade），相反，它们应该被视为真正的业务运营系统。之所以这样说，是因为我们认为复杂市场是技术、业务流程和组织机构的综合集成体。只有将上述三者有机联结起来，才能有效地协调在市场中涉及的各类客户群体的活动。


## 市场运营

在网络经济的早期和信息科技泡沫化时期，学术界和实业界人士大多秉持这样一个信念，那就是市场一旦被创造出来，就万事大吉。根据这种观点，要判断新市场的机会有多大，关键在于识别产业中存在何种程度的低效率。产生低效率的原因通常是产业分割，又或者是源于不合时宜的中介组织的存在。历史已经证明，要发现这种低效率问题其实一点儿也不难。这种认知上的错误，不仅仅存在于互联网初创企业，就连分布在各种产业领域的企业也不可避免。

诚如我们在本书第 6 章中对安然公司的讨论所表明的那样，仅仅发现低效率问题并不够，复杂市场只有实现价值创造才能维系与发展。在网络背景下，市场联结着海量的组织，这时市场通常会表现出网络效应，或者说是正反馈效应，即市场中的参与者越多，该市场创造的价值就越多。这种快速上升的价值曲线，反映了很多创业者早期对网络效应或者说正反馈效应所持的乐观态度，他们相信，一旦市场启动起来，其创造的价值也将迅速增加。

　　遗憾的是，业务模式成功与否不仅取决于其创造的价值有多大，还取决于其产生了多少成本。这些成本包括客户获取成本、客户保留成本、客户服务成本、整合成本和其他各种成本项目。在网络环境中，成本曲线与价值曲线的增长速度可能会一样快，甚至更快。在这种情况下，该业务模式的存续就难以维系。

　　很多互联网泡沫企业都能作为说明这一点的实例，其中包括商业软件公司（其所处的多边市场由软件供应商群体、系统集成商群体和企业客户组成）和 B2B 市场。艾瑞柏公司和第一商务公司（CommerceOne）就属于商业软件公司，而钦德斯公司（Chemdex）和 Petrocosm 公司则是 B2B 市场的代表。在以上案例中，市场运营组织的收入不断上升，但其利润率急剧下降，有时甚至变成了负收益。究其原因，在于成本曲线攀升的速度大于价值曲线的攀升速度，而这绝不是一个新出现的问题。20 世纪 50 年代最初涉足信用卡业务领域的企业，比如美国银行和大通曼哈顿银行（Chase Manhattan），均遭受了重大损失。造成的结果是，大通曼哈顿银行终止了其信用卡项目，而美国银行则对成本实施了有效的控制，使其产品演变成为后来的美国 Visa 信用卡。

## 市场的设计与运营

　　市场应该得到有效的设计，这样才能使价值曲线的增长速度迅速超过成本曲线的增长速度。成本曲线的设计需要确保在市场达到临界规模之前产生的损失处于可控范围。举一些颇为成功的例子，eBay 的线上交易业务或微软的运营系统，它们的价值曲线不仅超过了成本曲线，而且价值曲线的增长速度较成本曲线更快。

## 定价机制

在获取和保留客户方面，定价策略至关重要，对市场运营设计和管理而言，定价策略是重中之重。在多边市场环境中，最优定价不是根据多边市场各参与方的增量成本来制定的。比如美国运通公司信用卡收入的绝大部分来源于商户。

多边市场参与者应该制定合理的价格，这样才能将合适的群体吸引到其市场中来，从而形成恰当的组合和平衡。好的定价策略能够在很大程度上确保多边市场运营成功。若多边市场运营者能够建立合适的定价和激励机制，则意味着其能够在吸引和保留所需市场群体的经营活动中花费较少的精力。因此，定价策略对市场运营的成本曲线有根本性的影响。

在某些情况下，由于人们对资产价值和机会成本已有足够的了解，因此可以开发出有效的模型来确定合适的价格结构。在电力行业就存在这样一种复杂的定价机制，该定价机制能够反映使用特定输电线路的价格的实时变化情况，这样能够揭示整个输电网络中的瓶颈所在（根据各地区消费模式的不同，瓶颈会随着时间段不同而出现差异）。采用这种动态定价策略，能够极大地提升输电网络的效率，降低运营成本，并减少对昂贵的发电和输电设备的投资。这种策略（在业界被称为当地边际成本定价法）通过计算整个系统范围内发生的全部机会成本来制定当地的电价。换句话说，该定价机制没有对每条输电线路单独定价，而是将整个输电网络视作一个整体的、巨大的多边市场，某一特定输电线路的价格取决于该市场当中的其他输电线路的情况。

　　上述观点的实质在于：在一个多边市场里，每类客户能够获取多少价值，取决于是否存在其他类型的客户。定价应该能够反映系统范围内的所有互动、机会成本和共享成本，比如要让所有市场组成部分都能够实现和保持盈亏临界点，就会产生相应成本。由于存在这些成本，即使在竞争性的环境当中，价格也不会仅仅反映任何单个市场参与者的边际成本。比如，在为软件操作系统制定价格时，大部分的成本由终端用户而非软件开发商承担，这是因为软件开发商通过创建第三方应用程序来为这一系统提供重要的价值。以奔迈公司为例，它本可以向软件开发商收取更高的软件工具和信息使用费用，这是因为软件开发商在编写适用 Palm OS 系统的应用时必须使用这些软件工具和信息，但实际上奔迈公司没有这样做，因为收取更高的费用意味着软件开发商的数量可能减少，从而导致应用程序减少。应用程序如果越来越少，Palm OS 系统提供给终端用户的价值也就随之降低了。

## 运营过程

　　即使有最佳的定价策略，我们仍然需要实在的能力去管理市场运营，确保交易活动最终能够完成。越复杂的市场越需要精心设计其运营过程，以确保该市场能够正常运营。这样的设计需要能够吸引到合适的买方和卖方群体，为买卖双方的交易行为提供支持，保证市场各参与群体的数量维持在临界值以上，并确保市场产生的价值高于其运营所需的成本。对市场运营的设计，不仅要关注内部业务流程，而且要关注外部流程。很多 B2B 交易的失败案例，为阐述无效的市场设计这一问题提供了大量实例。

供应商市场（SupplierMarket）是一个以原材料为交易对象的 B2B 交易市场，该市场从未真正制定出一个能够支持其内部运营活动的有效的流程框架，这些活动是为完成市场交易所需的基本活动。尽管吸引了成千上万的参与群体访问其网站，并列出了大量的交易，但实际上，这个市场从未真正顺利运行过。为什么它不能促成交易？其中一部分原因就在于其内部运营的设计。在其网络化应用的表象背后，该市场的运营完全是由人力在进行。它雇用了超过 40 名市场开拓员，这些员工将时间花在通过电话联系潜在的买方和卖方，吸引更多可罗列的产品目录，并努力促成大笔交易上。在这样的运营框架下，一笔交易通常需要数周的时间来完成，并且这其中还需要大量的人力资源，这使产生的成本远远高于向其市场参与成员收取的交易费用。这种成本结构处于失控状态，系统规模又无法拓展，这样的市场理所当然地失效了。实际上，这个市场面临的挑战在安然公司经营的很多市场中（这些市场往往困难重重）也同样出现过。

钦德斯公司 B2B 交易的内部运营流程则比前述的供应商市

场更加精简且有效，然而，它并未真正整合到其市场参与者的业务流程当中。该公司设计的市场应用程序虽然能够帮助客户找到所需的商品，但无法与其他商业软件系统相融合。因此，钦德斯公司可以成为一个传统市场，发挥传统市场的功能，但无法成为分散化的运营系统的中枢。大多数客户发现不可能将钦德斯作为它们供应链的一个组成部分，这一点也不奇怪，因为它们仍然得依靠内部的应用进行采购和账户管理。尽管最初崛起迅速，但钦德斯无法继续保持其良好的运营状况。究其原因，在于客户没有继续选择钦德斯，而是又回归它们久经考验的自有应用进行采购管理。基于以上种种原因，钦德斯于 2000 年夏天倒闭了。

成功的市场运营有其独到之处，这类市场运营的战略会为其核心的活动、集成和协调制定一个清晰可调节的框架。以"雅虎有缘人"（Yahoo! Personals）为例，它通过提供一个不断更新的、带有复杂配对算法的程序，使内部业务流程实现自动化，从而最大限度地提高网站的运营效率（和流动性）。只需投入计算机最小的算力，这样的软件应用程序就能轻松管理巨大的用户量。此外，它还与雅虎公司的其他应用比如"我的雅虎"（My Yahoo!）保持紧密合作，将不同类型业务的协同效应发挥到最大程度。最后，该应用还展示了如何与精心制定的广告和促销策略相结合，以协调不同参与群体的行为，确保每个群体都均衡地达到各自的临界状态。尽管"雅虎有缘人"较其竞争者起步稍晚，但是它获得了巨大的成功，并且给雅虎公司带来了丰厚的营业收入和利润。

　　如果想要说明开拓一定规模的市场需要面临什么样的挑战，那么信用卡提供了一个更传统的案例。美国银行开创性地实施了一种特许授权制度，它在美国国内州际银行业务受到限制的年代，将创始地在加利福尼亚州的信用卡拓展到了全国市场。但这一制度的实施效果并不好，因为其他银行并不愿意去推广美国银行信用卡，尽管这一业务与它们的业务并无直接竞争关系。除此以外，美国银行也没有全局性地考虑和制定出可以管理该系统内部成员之间交易的规则，因此，该制度实施起来显得混乱和低效。

　　后来，这些特许授权制度的参与者认识到了该制度的潜力，也意识到创建一个有效的市场所需的条件，它们最终成功说服美国银行将这套制度推销给银行联合会。银行联合会在接受该制度后制定了一套明确的规则和程序，其中包括一个可拓展的投票权和所有权结构（该结构能够适应美国银行信用卡系统参与成员数量急剧增长和不断变化的特点），一个规定商户银行和持卡人银行以固定和统一的收费标准进行交易的协议，以及参与到信用卡支付的各方（包括持卡人及其开户银行，商户及其开户银行，以及整个系统）需要承担的风险的规则。这样就创建了一个各方力量均衡的市场，能够管理、整合和协调众多不同类型的消费者和机构之间的交易。因此，信用卡业务快速增长，成本下降，服务质量得到了显著提高。

## 技术

市场运营的效果越来越受到市场设计时技术决策的影响。钦德斯公司没能与其他商业应用相融合，主要是受到其成立初期所做出的决策架构的限制（可将其架构与本书第 8 章戴尔的案例作对比）。"雅虎有缘人"之所以能够取得成功，有赖于植入其应用中的配对算法的效率。由此可见，一个市场要实现效率，该市场所采用的技术是重中之重。

当然，不同市场所采用的技术千差万别。在软件运营系统中，核心技术主要用于实现计算机运行的基本功能（以及确保各类第三方应用程序能够在其平台上运行）；在债券交易行业中，核心技术主要服务于风险管理；公司签账卡（charge cards）业务①的核心技术则侧重于信息管理方面。尽管不同市场的关注点并不相同，但不管何种情形，为使市场正常运转，深厚的技术和专业的运营知识都必不可少。如果同时运营众多不相关联的市场，那么要获取专业技能势必很难。安然公司曾经的尝试就说明了这一点。

市场运营还涉及集成技术，比如将应用编程接口（API）集成到平台，就能使第三方参与者连接到市场中枢，或者在该平台上开发出增值的应用软件，这样就可以提升该市场所创造的价

---

① 类似于信用卡，签账卡与信用卡的主要区别在于签账卡持卡人在每月到期日要全额还清欠款，签账卡无预设固定授信额度，但发卡商通常会根据客户的情况进行调整。

值，扩展其规模，同时促进其可持续发展。这种技术集成战略不仅对像 Windows 这样的软件操作系统越来越重要，而且对像 eBay 公司这样的交易系统或像戴尔和利丰这样的供应链平台也日趋关键。以 eBay 为例，该公司引进了第三方 API 接口技术，该技术生成的应用软件目前给该网站带来的营收占比超过 30％。利丰则通过微软的互联网技术联结了世界各地的生产商，共同为其客户群体提供服务。利丰（与其他主要的供应链平台，如沃尔玛和戴尔）还为供应商和客户提供一种咨询服务，建议它们该使用多大数量的供应链 API 接口，才能将它们的应用链接到平台，从而进行采购和渠道管理。在很多情况下，利丰（还有沃尔玛和戴尔）甚至会为其最重要的市场参与成员提供资金支持，帮助它们创建集成化的界面。

最后一点是，运营一个有效的市场，需要投入大量的时间和资金，以确保各类市场参与方能够准确地理解该市场的标准，熟练高效地使用其网站，从而有效地协调买卖双方之间的交易活动。例如，英特尔曾在其奔腾（Pentium）处理器系列产品线中引进 MMX 技术，在实际引进的前两年，它就开始指导其第三方开发商群体，帮助它们学习这项技术，这让它有效地协调了整个行业范围内的开发活动。在电力管制解除的时候，纽约州、宾夕法尼亚州、新泽西州、马里兰州的电网运营商召集了所有市场参与者的代表组成一个工作组，共同制定新市场设计方案。在新市场创建的前几年，协调了这一市场的所有参与群体的活动和利益。

# 市场管理

把从复杂市场中观察到的一些最佳实践提炼出来，并汇集成一套清晰的策略，是大有裨益之事。我们相信，这些策略可以帮助管理者规避在市场设计中面临的许多挑战。无论企业选择的是网络核心型战略还是利基型战略，学习这些策略都很有助益。

## 优先保障流动性

流动性指的是市场能否在可接受的时间范围内高效地处理买方和卖方之间的交易。如何以合理的运营成本保障流动性，可能是多边市场管理中最困难的挑战。我们发现存在这样一种常见的失败战略，那就是在市场的早期阶段，资金流动性尚未能保障，但企业已对其技术和运营进行了大量的投资。[2] 这样的战略似乎很有道理，并且受到网络经济理论信徒们的追捧。这些人认为，投资合适的技术和运营基础架构，可以帮助企业在未来实现流动性。然而，事实并非如此。

这里的问题是，企业很难判断其资金应该投资于何种技术和运营基础框架。在我们的研究中，即使是最为成功的市场运营者，对于此类投资都持有相当谨慎的态度。他们都是首先保障资金流动性，以最少的技术和基础框架投入，实现对市场设计的调整和优化，再逐渐扩大其市场规模。微软和 eBay 从一开始就保障了正现金流。这两家公司在进行重大投资决策之前，都曾在小范围内的市场参与群体中普及其业务模式并取得成功（如微软曾于 1978 年在微型计算机软件开发人员群体中试点；又如 eBay 曾于 1996 年在 Pez 糖果包装收藏家群体中试点）。它们都优先保障了流动性，再提升其规模。同样，信用卡的诞生也给我们提供了一个类似的例子。大来卡公司在发行其信用卡时，首先在曼哈顿的餐厅和顾客中试点，之后又在洛杉矶开展了同样的试点活动。在当地的小规模试点成功以后，大来卡公司才把其信用卡业务对象和领域拓展到餐饮之外的其他行业及其他地区。

更深入的研究表明，优先保障流动性策略具有重大意义。在我们研究的大多数领域当中，不管是获取众多的参与群体，还是把握一个庞大的多边市场中的各方关系，都具有很大的复杂性，如果市场设计不当，那么在技术和运营方面无论投入多少，都不能确保企业获得规模性和可持续性。一个典型的市场需要覆盖到的生态系统不仅太大，而且太分散。流动性需要一个自我维持的过程，如果在进行大规模投资之前，不能在较小规模内以一种可控的方式保障流动性，就不能期望在规模扩大以后能够保障流动性。这意味着在市场规模尚小且易于管理的情况下，优先保障流动性，是扩大市场规模的最佳策略。一旦在生态系统中各参与群体形成了恰当的平衡，并且证明所采用的运营战略和技术战略的正确性和有效性，市场就可以逐步提升，实现规模化。[3]

## 以价格平衡各参与群体的利益

在我们的研究中，许多卓有成效的市场均采用较为复杂的定价策略。在大多数失败的 B2B 交易案例中，定价策略得不到重视（例如，所有交易一律按 5% 的交易额收费，且均由卖方支付）。与之形成鲜明对比的是，成功有效的市场往往使用复杂且不断改进的定价策略来维持客户群体和卖方群体之间的利益平衡。

在多边市场中，定价也许是保障流动性的最有效机制。我们在前述内容中探讨过，价格应当是对整个系统范围内的价值和成本的反映。难点在于：这些价值和成本通常难以预估，即便市场已经投入运行，做出估计也非易事，比如在 Windows 操作系统中新增一个应用软件可以提供多大的价值？如何量化？因此，复杂市场的定价往往是实验和经验判断的产物。这意味着为了保证价格的有效性，市场需要极大的定价自由，并应加强对市场运营者能力的培养，使之能够不断改进和优化定价策略。

### 设计一个灵活的市场

保障早期市场流动性对市场设计具有重大影响。这意味着在实现流动性以后，随着市场规模的不断扩大，市场运营也需要经历巨变。以 Visa 为例，其支付结算处理能力已经经历了三代技术的演化；eBay 交易处理技术也经历了五次重大的技术转型，这极大地增强了其网站的运营能力。

## 推行实验性的市场选择策略

安然鼓励企业家们首先对市场进行分析和选择，然后募集资金，并在选定的领域做出基本上不可逆的承诺。eBay 则关注其顾客群体的发展动态，并采取措施强化那些已经运营良好的市场。安然创立了一种文化和激励机制，以加强对已承诺目标的管理。eBay 则鼓励其员工对客户的发展方向保持灵活性和警惕性。用 eBay 的一位经理的话来说："当一些已经发现自己的产品在 eBay 网站上销售的企业给我们打来电话，并表示希望对这一销售过程获得一些控制权时，我们开始对 B2B 的垂直市场产生兴趣。"[4] eBay 的 B2B 垂直市场造就了价值 3 亿美元的交易体量，在 eBay 公司向投资界宣布这一市场之前，它就已经是盈利颇丰的市场。

eBay 对新市场的选择过程完全是革新的，它的这种成功也代表了一些其他成功的市场运作模式。它的架构旨在以机会主义的方式去适应新的市场，有助于其跟踪各领域的用户群。在这些领域被证明是具有强大的且富有前景的商业模式之前，它不会做出任何承诺。[5] 尽管这样的做法与传统的、自上而下的战略分析模式背道而驰，但当我们考虑到任何新市场的运作背后都存在着巨大的不确定性和复杂性时，这种模式就显得非常明智。

拓展新市场领域具有相当大的难度，美国运通公司在推出其第一张信用卡时的失败就说明了这一点。尽管该公司在近 30 年的时间里一直经营着利润丰厚、效率颇高的签账卡业务，但它也没有避免在首次发行信用卡时以失败告终。它认为自己所要做的就是把信用卡发放到其（公司）签账卡客户的手上，但这些客户中有许多人在没有公司报销的情况下，其拖欠率远高于美国运通的预期。在经历了一段极富挑战的导入期后，美国运通公司大大缩减了其首款信用卡业务。

## 充分利用生态系统

为了最大限度地扩大市场规模，市场运营应充分利用各参与者的运营能力。一个精心设计的市场应尽可能地做到以最小的内部投入确保交易能够顺利完成。正如前面详述过的，这并不意味着市场的技术和运营战略就无关紧要了。事实上，这两者都很关键，不过都应加以定义，以便能以最小且逐渐减少的内部投入来完成市场交易，从而实现成本的最小化和规模的最大化。

上述观点突出了工具设计作为市场的一部分的重要性。不管是 eBay 还是微软，各类组织通过设计完整的、易于使用的工具包（例如，eBay 通过创建产品展示列表或者微软通过设计 Windows 应用软件），使市场参与者能够顺利参与到市场运营之中，这对它们的成功至关重要。同样，Visa 在信用核查和交易处理方面提供了高效并易于使用的工具，使广大零售商在使用 Visa 系统时需要花费的力气达到最小化。[6]

在这种观点下，备受诟病的"测试版软件"现象（是指该产品版本尚未完善且存在漏洞就已被广泛传播的情形）与其说是产品更新换代速度太快的结果，不如说是借助外部用户力量战略的一个预期组成部分。[7] 同样，软件的新版本和"补丁"层出不穷，这不一定就是企业产品开发不力的问题，而是企业战略的一个组成要素。这种战略将产品与生态系统中用户群体的互动看作开放式产品开发过程的一部分，这一产品开发过程包括收集这些用户群体对该产品的体验反馈等相关信息。

## 尽量避免直接参与自营市场的交易

由于市场存在潜在的冲突和巨大的风险，旨在创立和运营市场的组织应该非常谨慎，尽可能避免参与到所运营管理市场的交易活动当中。安然公司直接参与了其创建的诸多市场中的交易，造成的结果是它遭遇的麻烦越来越大。这大大增加了其面临的风险，加剧了其运营绩效的恶化。与安然形成鲜明对比的是，eBay从未在其创设的市场上直接参与交易。这里面的许多市场规模庞大，交易量也非常可观，直接参与市场交易也许会使公司的收入大幅度增加，但也很有可能给企业带来几乎无法承受的风险，除非企业已制定出极其保守的政策和复杂而完善的分析工具。这是金融机构在大萧条期间艰难维生所吸取到的教训，而现在这个经验教训需要被更多的组织和行业理解和接受，使之成为一个制度。

## 创建与管理信任评级系统

信任是一个市场发展和持续的根本。在 eBay 发展的早期，通过客户和公司创始人之间进行直接的电子邮件交流的方式，确

保客户和卖方之间建立起互信关系。公司创始人也会亲自跟踪卖
家的信息，与卖家在聊天室进行互动，并且开发了一套非正式的
信任评价等级。时至今日，eBay 每天要处理数百万笔交易。尽
管分布式评级系统已经顺理成章地取代了当初创始人的电子邮
件，但是 eBay 的信任管理系统仍旧是其市场设计的基本组成部
分。信任对于市场的良好运营有十分重要的作用，因为它最终将
降低运营成本和风险。在吸引顾客和管理顾客的互动方面，一个
信任度高的市场将花费更少，更容易发展壮大。

### 设计一个清晰的市场治理结构

市场治理结构有各种各样的模式。成功的市场，有些是营利
性的、独立的上市公司（如 eBay、美国运通、雅虎），有些则是非
营利性的组织（如纽约电力联营公司（New York Power Pool））。
这两种模式都很有成效，但介于这两种模式之间的中间模式似乎
不太可行。在 B2B 交易的鼎盛时期，大多数企业采用了不同寻常
的治理结构，比如科韦森特公司（Covisint）、Petrocosm 公司和
ProvisionX 公司这样，由市场的部分目标参与者共同组成一个联合
体。这些组织缺乏明确清晰的章程，部分成员以快速实现首次公
开募股（IPO）为目标，而其他一些成员的关注点则在更保守的目
标上。这造成的结果是，很多组织的战略混乱，激励机制往往导
致企业内部的利益冲突，每当需要做出重大战略决策时，就会产
生严重的问题。

市场的治理结构一定要明确。营利模式固然是有效的，但这

里需要的是设计出一个独立于市场参与者的纯粹的、清晰的结构。在这方面，eBay 给我们提供了一个极好的例子。采用合作组织形式的市场若想取得运营的成功，关键是需要仔细考量其治理制度和目标，并确保所有的市场参与者能够获得相匹配的参与权。以电力领域的 PJM 互联电网公司（PJM Interconnection）为例，其董事会的参与权和投票权是根据市场各参与者在每年交易量份额中所占比重的精确估计来分配的。万事达卡公司（MasterCard）和 Visa 公司这类合作组织的市场治理结构也基于类似的原则建立。

## 新市场面临的挑战

当我们写下这些观点的时候，时间飞逝，许多事情可能已发生了翻天覆地的变化。由于安然公司交易运作的失败，大量组织关闭了其主营市场业务，这反过来又造成了能源市场的流动性紧缩。各类 B2B 联合组织的失败，则使开发企业间应用软件的整个理念受到质疑，进而导致许多软件公司走向没落，尽管这些软件公司确实提供了一定的价值。各行各业的组织对近年来的教训可能有些反应过度。

在世界经济格局重组并谋求新发展的过程中，从近年来频发的失败案例当中吸取经验教训，取其精华，去其糟粕，提炼出好的观点，是十分必要的。要做到这一点，就需要深入理解市场，

尤其是理解市场的设计和运营，因为在网络环境中，市场提供了
一种协调机制。

## 注释

[1] J. C. Rochet and J. Tirole, "Cooperation Among Competitors: The
Economics of Payment Card Associations," *Rand Journal of Economics* 33,
no. 4 (2002): 1-22; and D. Evans, "The Antitrust Economics of Two-Sided
Markets" (mimeograph, AEI-Brookings Joint Center, 2002).

虽然经济类文献通常不涉及多边市场这一主题，但其概念可以引申为
凡是将买方和卖方这两方或者多方联系起来的市场，都可以称为多边市场。

[2] 在钦德斯公司和其母公司 Ventro 的例子当中，对于技术和运营的
总投入高达数亿美元。

[3] 在这一点上，亚马逊经常被视为一个反面教材。该公司的规模确
实是扩大了，但是它花了很长时间才实现正的现金流。尽管亚马逊总体的
盈利能力欠缺，但它很早就确保了资金的流动性，特别是在其核心业务图
书方面。然后亚马逊开始很努力地尝试把原有的买家群体扩大到其他领域，
比如玩具、竞拍等。亚马逊最大的投入不是在对原有图书市场的设计上，
而是在一旦实现流动性以后，就迅速把资金投入到能够帮助其自身规模快
速扩展、更加广阔的产品领域当中，这样做又恰好推迟了公司实现正现金
流的时间。

[4] 2002 年 12 月 12 日对 eBay 的 B2B 市场经理帕特里克·贾巴尔
（Patrick Jabal）的采访。

[5] 有趣的是，要实施有效的实验性的市场选择战略，关键在于成为
进攻型的追随者，而非领导者。例如，微软在许多领域都是快速而强大的

"第二行动者"，网络浏览器就是相当有争议的例子。但这种成为追随者而不是领导者的做法与人们期望平台（参见第 8 章）发展的方式完全一致：网络核心型企业持续地监控其平台前沿正在进行的实验，密切观察，待到这些市场证明其成效后，立即进入这些市场（并将其纳入平台）。

[6] XML 网络服务中的轻量级标准是精准利用生态系统的重要工具。这些标准帮助那些类似 eBay 和亚马逊提供的联盟项目提升到一个新的水平。如今像谷歌和亚马逊提供的基于网络服务的 API 已促使外部生态系统群体把这些谷歌和亚马逊的服务真正融入自己的产品和服务当中。结果是像谷歌和亚马逊这样的公司能够利用此点，为探索其技术的新用途创造大量的实验机会。

[7] 这种战略既包括测试版本的发行（这些版本预计会有缺陷），又包括提供未完成或者实验性质的软件版本。

# 第 11 章

# 商业生态管理：颠覆、 进化与可持续发展

20 世纪初，一些老牌公司创建了研发实验室，以保护自己免受技术威胁。IBM 和 AT&T 等公司投资了内部研发和几乎所有相关科学技术领域的发展，以确保它们始终走在任何创新的前列。它们开发并提供其产品所需的一切，从原材料到软件应用程序。它们构建了巨大的、垂直集成的运营基础设施，可以满足客户需求的每一个方面。

但在 21 世纪初，世界转变得过于复杂，以至于上述创新和运营方式不再完全适用，甚至 IBM 和 AT&T 这样的巨头都不可能拥有覆盖重要领域的所有能力。相关行业领域的参与者范围不断扩大，专注于引进最先进技术的公司数量呈爆发式增长。我们已经看到，仅在计算机行业，在 20 世纪 60 年代包括 IBM 及其七个垂直整合的竞争对手（"七个小矮人"）的生态已经发展成为

一个复杂的生态系统，由数十个主要领域的几千家公司组成，提供从最先进的半导体设计模块到企业软件的一切产品或服务。当时，创新和运营已经成为网络化的现象。

这种大规模的、分散的活动给企业带来了许多新的威胁。传统行业的参与者已经做好准备，迎接来自更多行业领域的挑战者的攻击。这种影响远远超出了传统的"技术"行业，对银行业、家电业等其他传统行业的既有商业模式也造成了威胁。因此，无数学者和从业者预测，这个技术发酵的时代将给老牌公司带来几乎无法克服的挑战。面对大量新公司的崛起和技术错位现象，深陷技术遗产和组织惯性的老巨头将如何生存？

然而，伴随着威胁，商业生态系统也创造了大量的新机会。市场上出现数以千计的企业，为老牌公司提供多样化的解决方案，包括从软件应用到技术平台，从系统集成到业务咨询服务等方面。整合外部新兴技术和采用新型商业模式的机会纷纷涌现。令人惊讶的是，大多数能在威胁中幸存下来的企业比刚开始建立时更强大。它们变革了旧的、传统的、成熟的组织，将新技术与旧能力相结合，更强大的组织应运而生。

这完全改变了商业游戏规则。传统上，技术创新仅限于少数拥有深厚研发传统的公司。贝尔实验室代表创新，而不是美林银行；施乐公司是"创新的"，而不是梅洛尼公司。然而，如今数量庞大的新技术供应商确保公司更容易获得最新技术，涵盖半导体、靶向药物、互联网软件应用、无线芯片等不同领域。因此，只要存在整合技术的能力，成熟的公司便可以利用它们的生态系统来适应甚至推动重大技术变革。这种情况无论在意大利中部的群山中还是在华尔街的拥挤人群中都真实存在，并不仅仅存在于传统的研发实验室或者硅谷。相较于拥有高端实验室的公司，善于借助完善的流程发挥生态系统价值的公司，更有机会取得成功。这些公司可以整合新技术，并利用它们来发展现有业务。从这个方面看来，20 世纪 90 年代的巨大技术变革可能产生了意想不到的结果。已有的组织非但没有宣告死亡，反而借此机会激发了利用其商业网络解决遗留问题的动力，不仅强化了传统的能力，而且变得比以往任何时候都更强大。

尽管学者和从业者曾经做了许多负面的预测，认为诸如万维网、生物技术、互联网零售、网络交易等"颠覆性""激进性"或"建设性"的创新将导致已有组织的失败，但事实证明这些在已有组织发生的技术转型绝大多数都成功了。事实上，IBM、微软、诺华（Novartis）、沃尔玛和美林等公司在很多方面都比以前更加强大。每家公司现在都享有更高的营收、重振的组织以及创新的业务。微软和 IBM 在引入网络服务上处于领先地位，诺华已成为生物技术领域的重要参与者，沃尔玛利用互联网技术开发了新的客户渠道并完善了供应链管理，美林拥有卓越的在线交易操作系统。

大量证据表明，20 世纪后期关于传统公司面临被颠覆和边缘化的预言是危言耸听。图 11-1 呈现了软件生态系统中已有企业在经历各种破坏性和不连续的转型后仍普遍幸存。那些被真正颠覆的并不是已有的传统企业，而是那些被认为应该推进颠覆式创新的初创企业、衍生企业和风险投资公司。

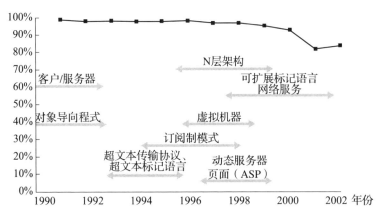

**图 11 - 1　巨变浪潮下计算机行业的稳定性**

说明：该图描绘了过去十年软件公司的生存率。这些数据来源于软件公司的完整样本，这些软件公司在任何一年的存活率都相当高，即使在最动荡的时期也是如此。此外，存活率的下降与重大技术或商业模式转型的时机之间基本没有相关性。存活率仅在 2001 年和 2002 年下降到 90% 以下。这些年并没有出现技术、组织架构或商业模式中任何一种模式的崩溃，相反，更多的是与第 3 章中描述的计算生态系统的整体崩溃密切相关。请注意，唯一观察到的企业生存率下降的时段是在总体经济低迷的时期。相比之下，技术和商业模式的冲击几乎对企业生存率没有影响。

当然，并不是所有的传统公司都像沃尔玛和微软一样进展顺利。过去几年也存在失败的公司，诸如世通（World Com）、安然等，它们似乎都高估了技术变革带来的颠覆性影响。安然在先于竞争对手进入带宽交易和网络运营后，其盈利能力和风险状况遭到了严重冲击；世通由于对新光纤网络的过度投资而最终破产。

在前几代经理人的经营过程中，企业经常受到专家的批评，原因是未能对新技术变革做出及时反应，例如行动太慢、做得不够或没有将资源投入新技术项目等。但对当前这一代经理人而言，挑战变成了怎样更加精准地把握何时、如何对新技术变革做出反应。每个人都知道新技术变革是企业的一个重要优先事项，现有企业已非常清楚地意识到需要了解新技术的影响，并为此做点什么。在最近几年企业犯了多次错误后，仍旧悬而未决的问题是"技术是威胁还是机会""技术创新是更适用于小型组织还是大型组织""技术应该在内部开发还是利用外部合作伙伴的能力"。许多组织在管理网络技术时面临的最大问题不是反应不足或者反应迟缓，而是反应错误。

商业生态系统的建立改变了企业可以选择的业务范围、所属市场的性质以及竞争所需的关键能力和资产。也许最关键的是，它提供了重振传统落后企业的机会，并向更广泛的参与者开放了创新的世界。这种新的创新生态可以创造奇迹，促进传统企业革新。已经具备在新商业生态中生存能力的企业，才能拥有更强大的竞争力并长期存续。

## 商业进化的本质

由于大多数关键资产都在公司之外，管理组织的进化很大程度上取决于组织与其生态系统的联系。在传统观点中，现有组织像是注定要走向灭绝的恐龙，蹒跚前行，直到下一次冲击让它们不复存在。我们在这里持有的是完全不同的观点——现有组织可以忍受和适应。事实上，它们所属的网络，以及它们利用和维护这些网络的过程，能够确保其持续存在。对于一个受商业网络生物学观点启发的框架来说，这似乎是一个奇怪的结论。毕竟，大部分公认的关于竞争、企业生存和技术变革的传统观点都是从生物学中汲取灵感：存在许久的物种最终都会走向灭绝和被替代，企业持续的成功最终会招致自满和致命的弱点。因此，就像恐龙一样，长期、繁荣和成功的统治被视为覆灭前仅存的骄傲。这种观点认为，传统组织会变得"无可救药地过时或尾大不掉"，并被一些不可预见的冲击消灭。[1]

然而，就像许多取自生物学的隐喻一样，这种观点忽略了一个重要的点，即它没有提出关于什么能幸存下来的重要问题。物种更替中甚至整个谱系都可能消失，但这只是罕见的事件，在某种程度上某些重要的生物信息还是可以幸存下来。恐龙的灭绝代表着一些成功统治地球的生物消失，但是范围很广的生物信息留存下来，包括特定的生物特征、"身体计划"、基本代谢过程，甚至遗传密码等。恐龙物种灭绝的重要启示并不是恐龙没有后代，而是脊椎动物的"延续计划"仍然幸存下来。恐龙的灭绝只不过是对这个"延续计划"的重塑：不一定会形成像恐龙一样巨大的独立存在，但也许会比恐龙更加智慧和活跃。对个体甚至谱系分支的削减并不意味着"整棵树"甚至树的共有特征的灭绝，它只是物种进化的方式，并指引着这棵树的进化路线。

这种对生物学隐喻的重新诠释指向了商业战略的第一层内

涵：由于总有一些东西幸存下来，传统企业的第一个关键决定是识别和利用可能幸存的资产和能力。对于企业来说，挑战并非来自是否幸运地押中一种产品——可以长期拥有受众或者不会轻易地被新科技替代。事实上，这正是我们试图改变的关于创新的"旧"思维：现有企业在变化中幸存下来的唯一方式是避开变化或在变化中取得胜利。相反，对于基业长青的探索有另一个目的：寻找确保企业在不可避免的变化面前始终蓬勃发展的资产，并将新的能力与之整合。

达成这个目的需要依赖多个方面，其中最重要的有两个方面。第一，公司需要通过平台的搭建，来确保其拥有适应力和集成力。就好比昆虫的身体或者基因，这是确保企业在探寻过程中可以长期生存，并具有随时间推移而进化的多样性的基础条件。更多关于企业如何识别、建立与提升此类平台的建议在第 8 章中已经进行了详尽的分析。这里需要记住的关键点在于：在定义和扩展平台架构时，重点是要始终关注在新环境、新市场和新业务中可能需要的灵活性和适应性。对于在这一网络中的其他企业，需要基于它们的能力来提供可行性建议。搭建组织架构的关键并不在于何种架构更优、更便宜、更稳定，更重要的在于是否拥有最大的搭建基础、最具适应性因而最能够长久存在。这是一个重要的视角转变。举个例子，某个软件在 Linux 与 Windows 上的使用成本高低并不重要，重要的是其在面对冲击和转变时，是否更容易自我突破，或者说拥有更强的整合能力。

第二个关于可以搭建长期生存的组织架构的关键在于如何围

绕这一平台搭建和维持一个新的关系网。正如前几章的讨论，这需要网络核心型企业和其合作伙伴进行协调整合。网络核心型企业需要创造机会来沟通如何利用这一平台，并基于如何建立合作关系、如何合作进行解释。利基型企业需要思考如何更好地利用这一机会。这一共生系统会创建一系列新的关系，不仅限于公司内部，更在于其技术和产品如何帮助公司及其合作伙伴进行合作和价值共创。正如曾经生活在一起并相互消耗代谢产物的古老细菌品种一样，这种亲密的联系创造了吸收和整合的可能性；拓展平台使其包含新的元素，可以增强其内部能力，并通过平台赋予的共享能力，最终增强和发展整个网络。在这一过程中，最重要的并不是如何提升平台或者上层架构，而是如何让整个生态体系中的各单元更加依赖它。

这一演进的效果将十分显著。具有适应性的架构和依附于架构的动态企业网络，能够颠覆现有对于挑战和冲击的看法，使依附于合作网络的企业与脆弱的单一商业模式区分开来。依附于合作网络的企业，通过企业网络的合作，拥有了迅速调整升级的能力，这一升级又使得网络中其他企业从中受益。利基型企业能规避轻微的行业震动，从企业网络中获得更多利益（正如我们在前几章讨论中所提及的内容）。作为整个企业网络中的领导者，网络核心型企业拥有独特的优势来帮助整个网络适应可能发生的毁灭性变化，例如我们在第 9 章中提到的美林公司和梅洛尼公司。

# 全方位技术战略

很多传统的技术战略都会研究企业如何应对单一的、可识别的技术转型。无论是从风力、动物提供的动力到蒸汽作为动力来源的转变，还是从 5.25 英寸磁盘到 3.5 英寸磁盘的转变，策略分析师一般都会建议企业应如何整合内部资源，来应对这些个别的威胁和机遇。然而，我们倡导一种更全面的技术管理方法，一种有效解决每年面临的无数威胁和机遇的方法的系统性思维。带领公司进行创新的领导者需要将重点放在了解其商业生态系统的整体健康状况，以及如何应对和影响其所处的行业生态系统的演变上。在技术战略决策中，企业与其担忧受到外部的威胁，不如更广泛地、更系统性地思考商业生态系统的健康程度，并培养技术选择、搭建和整合的深层能力。在这个过程中，结合其强大的领导力，更易于确立一种积极主动的、全面的技术战略。

健康的商业生态是必要的。如果一个商业生态系统是高效且强健的，并继续创造利基市场，必将会创造大量创新机会，但若依托于不健康的商业生态系统，公司的未来将岌岌可危。微软的威胁并不来自一项技术的变化，而是来自其独立软件开发社群的健康程度下降，或者社群逐渐转变成一个新的平台。沃尔玛的威胁也不能直接归因于新技术或新渠道的诞生，而是在这一过程中，其供应商或合作伙伴逐渐离它而去。

　　这对于利基市场的影响也很重大。当商业系统是健康的时候，利用如微软或利丰公司搭建的中心化产业平台，是其发展的重要优势。目前，这些平台提供的解决方案往往优于企业内部研发部门提供的方案。当然，能够利用外部技术并不意味着这些公司可以放弃内部技术能力的搭建，但这确实会影响其对内部能力的要求。在这一平台内，它们需要的不是自主创新的能力，而是构建和整合外部技术的能力。这将使其能够更有效地管理内部转型，更能够从容地面对多种不同技术变革。

　　实施这种方法需要的不仅仅是转变观念。单单观察并评判商业生态系统的健康程度显然是不够的，企业必须在应对和塑造生态系统健康方面发挥积极作用，从而促进平台核心的稳定和转型。利基型企业应当评估其商业生态系统的变化，以确定哪一系统能使它们更轻松地应对新出现的挑战：在这一商业生态系统中，它们能否以更小的调整和成本来适应新的技术或是商业模型？它们所依附的商业生态系统能否以更好的方式帮助它们更好地面对和拥抱这些变化？它们还应积极制定备选方案，以防所依赖的网络核心型企业和商业网络变得不那么健康，或者无法可靠地满足这些要求。同时，它们还需要计划好如何面对其商业生态网络或产业上下游带来的巨大影响。

　　作为商业网络的核心和持久资产的所有者，网络核心型企业需要为其特殊地位付出相应成本：它们需要把维护商业生态系统的健康作为第一要务。它们必须应对双重挑战：一方面，在面对重大变化时，需要专注于平台的可持续发展；另一方面，它们需要通过整合网络周围的解决方案持续探索新的方向，然后与生态系统内的单位共享这些新的策略。这一过程的核心是对变化的自主管理——明确辨别变化所带来的机会，并通过平台升级来为整个商业生态系统提供指引和支持。

微软在这方面是很典型的例子。虽然微软的科技生态系统正往其他平台转移，但生态系统内的企业还是稳定增长且产出非常稳定（如图 11－2 所示）。在面对变化时，微软总是提供一系列新的技术平台给社群内的合作伙伴，帮助它们快速响应变化。微软为其商业生态系统中的组织提供了关键性要素，以实现技术、基础设施和商业模式方面的变革。数千家不同规模的公司都在利用这些资源，包括美国在线（AOL）等商业巨头和格鲁夫网络公司等小型初创企业。

每次转变都尤为复杂，涉及不同方面并行的工作。每次转变中，核心任务就是如何通过平台升级来响应变化，把每次变化带来的"威胁"当作通向平台下一次升级的道路。这不仅需要制定一个前瞻性战略，将发展带来的变化纳入其中，而且需要对平台重新审慎地定义——识别并定义什么要素是可持续发展的。这是平台长期发展的关键。通过有效的管理，平台可以持续地将轻松摧毁个体公司的变化转变成机遇，并为这些公司提供可持续的解决方案。这使生态系统内的企业能将过去的投入重新利用起来，并使整个商业生态系统作为一个整体保留其大部分结构和动态。整个生态系统并不会被摧毁，而是不断升级。

**图 11－2    在微软生态系统的管理稳定性**

说明：尽管大多数应用程序基于的技术发生了重大变化，但微软的生态系统仍然保持着显著的稳定。在每一次浪潮中，生产力（对于拥有 50～5 万名员工的上市公司而言，以每名员工的收入衡量）和公司数量（包括上市公司的数量）都在这个生态系统（定义为专门生产针对 Windows 平台的产品的软件公司）中稳步增长。

## 商业生态与可持续发展

　　商业生态的进化、无处不在以及组织间在完成任务时的相互依赖，已经改变了商业的本质。企业从一个垂直整合、内部能力、内部研发、内部项目和内部基础设施的世界，变成一个相互依赖、分布式创新、技术集成、贸易合作的世界。企业利用不断拓展的业务合作伙伴网络及其分布式资产，展开前所未有的创新，并不断提升管理的灵活性。与此同时，这也引入了大量复杂的依赖关系，这些依赖关系会主导公司的业绩。在现代商业中，这种日益根深蒂固的依赖网络对本书中提到的生态有着更广泛的影响。

企业会因为产品、科技、市场和创新而被紧紧地捆绑在一起。利用好这一关系可以帮助企业提升产出，保护企业免受破坏，并加强企业创新升级和适应能力。这意味着没有任何公司、产品和客户可以成为一个孤岛，没有企业可以独自运作，没有产品可以在真空环境中被设计出来。我们谈论的不仅仅是联结不同信息系统来提升商业效率的技术网络，更多的是互相联结的组织或个人共享成功或失败的成果。

生态系统的动态发展改变了我们对商业策略的看法。由于集体效益对企业绩效至关重要，稳定性对于生态系统的重要程度远比单个企业的能力来得更为关键。这需要我们重新看待竞争。同一生态系统内的两类物种可能会争夺食物，但只有生态系统足够稳定才能让它们都存活下来。如果生态系统遭遇破坏（比如被污染了），所有的个体都会受到相应的伤害。同样，对于不同的科技公司，即便它们存在竞争，但都会在意整个商业生态是否健康稳定。除了同质化产品的竞争，它们都会从合作共赢中受益，譬如共同制定行业标准或合作平台。然而，我们还是经常看到企业在面对关键性决策时，仍然会放弃之前达成的共识。

即使高管们在表面上接受了生态系统的想法，但对在企业绩效优化目标范围之外的决策，他们通常也不会予以采纳。他们经常坚持认为自己的生态系统比竞争对手的更好，而忽略了彼此的生态系统实际上是同一个。此外，生态系统的长期健康发展往往会因个体短期利润的最大化而被持续地忽视。安然和世通为了最大化企业财富，采用了短视的方式，差点对它们各自所在的行业造成毁灭性冲击。如果 Linux 系统和 Windows 系统的代表性企业停止恶性竞争，并且找到合适的方式进行系统整合，它们和它们的客户都会因此受益。

如果认真对待生态系统的概念，我们将能超越传统的竞争概念，对公司间的动态关系有更深层次的理解。我们在前几章中概述了各个组织应该如何更好地发展、利用和塑造它们周围的生态系统。我们讨论了关键资产和能力，并定义了一些运用它们的策略。为了充分发挥这些想法的潜力，我们认为需要进行更深层次的观念转变。新兴观念强调个体企业的存亡取决于它们的生态系统的健康程度，因此在制定商业决策时应深入考虑此类基本因素。

这一负担将集中在占据商业生态系统核心位置的少部分企业上。微软、沃尔玛、利丰和 eBay 等公司在我们的社会中发挥了极其重要的作用，对我们经济的大部分领域产生了非常大的影响。难以想象，微软和 eBay 的几千名员工主宰了 Windows 平台700 多万开发人员的命运。作为网络核心型企业战略的一部分，这些企业在宣传它们的商业生态系统健康性的同时，也在从中获利。尤为重要的是，将机会转变为聪明有效的策略已经不再是一种凭感觉而来的事情，而是一种责任。如果这些组织不再发挥它们的领导作用（或是被竞争和相关规定禁止其发挥领导作用），整个社会都会为其所累。

我们相信，维护和加强这些组织的核心作用，对于我们的经济发展至关重要。在未来的政策法规制定过程中，需要将其影响考虑在内。我们希望本书中的观点能推动反垄断经济学的新视角的出现，平衡垄断行为的潜在威胁和有效的网络核心型战略所能创造的价值。同时，我们也相信，这能帮助企业高管们形成更深入的理解，不论是对其组织、对其生态系统还是对整个社会的巨大影响。在过去十年中，我们清醒地发现有很多粗心的错误带来远超预期的影响。美国在线、安然等公司的高管们往往不清楚，它们立即做出的某些决定，会对它们甚至都不知道是否存在的公司产生怎样的影响。

互联网和电信行业的内爆引发了严重的不确定性，并使科技行业乃至整个经济的未来产生了强烈的不确定性，引发了人们的担忧。学术界、政策制定者、分析师和从业人员之间出现了两极分化的争论，这对创新、知识产权和竞争等基本概念提出了挑战。我们认为，关于这些概念的争论，可能是由本书讨论的根本性变化引起的，也可能是由商业生态系统中经常出现而又意想不到的集体行为引起的。我们希望本书所展现的框架，能够帮助企业在动态的商业生态系统中找到新的分析框架，引起新的思考及讨论。我们认为，这将对更多领域产生重要影响，不论是产品架构、运营，还是业务战略和政策。

## 注释

［1］对恐龙的定义，见 *The Hmerican Heritage Dictionary of the English Language*，4th ed. （Boston：Houghton Mifflin，2000）.

图书在版编目（CIP）数据

共赢／（美）马尔科·扬西蒂，（美）罗伊·莱维恩
著；刘运国等译. -- 北京：中国人民大学出版社，
2024.4

ISBN 978-7-300-32618-4

Ⅰ.①共… Ⅱ.①马… ②罗… ③刘… Ⅲ.①企业战
略—战略管理 Ⅳ.①F272.1

中国国家版本馆 CIP 数据核字（2024）第 055131 号

**共赢——商业生态与平台战略**
［美］ 马尔科·扬西蒂
　　 罗伊·莱维恩　　　 著
刘运国　谢素娟　等　译
Gongying —— Shangye Shengtai yu Pingtai Zhanlüe

| | | | | |
|---|---|---|---|---|
| **出版发行** | 中国人民大学出版社 | | | |
| **社　　址** | 北京中关村大街 31 号 | | **邮政编码** | 100080 |
| **电　　话** | 010 - 62511242（总编室） | | 010 - 62511770（质管部） | |
| | 010 - 82501766（邮购部） | | 010 - 62514148（门市部） | |
| | 010 - 62515195（发行公司） | | 010 - 62515275（盗版举报） | |
| **网　　址** | http://www.crup.com.cn | | | |
| **经　　销** | 新华书店 | | | |
| **印　　刷** | 北京联兴盛业印刷股份有限公司 | | | |
| **开　　本** | 890 mm×1240 mm　1/32 | | **版　　次** | 2024 年 4 月第 1 版 |
| **印　　张** | 9.875 插页 2 | | **印　　次** | 2024 年 4 月第 1 次印刷 |
| **字　　数** | 200 000 | | **定　　价** | 69.00 元 |